공동주택, 빌딩 회계업무의 모든 것

공동주택, 빌딩 회계업무의 모든 것

초판 1쇄 인쇄 | 2020년 3월 16일
초판 1쇄 발행 | 2020년 3월 25일

저자 | 나근희
펴낸이 | 김선경
관리, 마케팅 | 김경우
기획 | 나근희
펴낸곳 | (주)민들레나라
출판등록 | 2012년 5월 1일 108-86-01175
주소 | (08589) 서울시 금천구 가산디지털2로 70 대륭테크노타운19차 1610호
전화 | 02-849-9426
팩시밀리 | 02-834-3406
이메일 | mdl9426@hanmail.net

ⓒ 나근희, 2020

ISBN 979-11-969123-0-7 13320

※ 이 책의 저작권은 (주)민들레나라와 지은이에게 있습니다.
　 이 책 내용의 전부 또는 일부를 재사용하려면 반드시 양측의 서면 동의를 받아야 합니다.
※ 책값은 뒤 표지에 있습니다.

공동주택, 빌딩
회계업무의 모든 것

관리비를 확 내리고 싶은 사람에게 지혜를,
회계업무를 배우고 싶거나 하고 있는 사람에게 지식을!

나근희 지음

민들레나라
Mindeulre Nara

머리말

　아파트, 건물의 관리 현장에서 입주자는 관리비가 적정한가, 회계 자료는 제대로 되어 있는가 하는 궁금증을 늘 갖고 있는 것이 현실이다. 투명하고, 객관화된 회계 정보 자료에 대한 입주자의 기대치는 날로 상승하고 있다.

　관리현장의 회계담당자가 스스로 회계업무 능력을 겸비하지 않고, 상응한 업무 지식을 갖추지 못했다면 회계자료 또는 관리비 부과, 수납에 있어서 실수가 언제든지 발생할 수 있다.

　이러한 실수는 회계자료에 대한 불신을 넘어, 관리업무 전체에 대한 신뢰를 떨어뜨림으로써, 관리주체가 제대로 된 관리업무를 진행하지 못하는 상황에 봉착할 수 있는 위험에 노출되게 된다.

　그러므로 관리현장에서 회계담당자가 회계업무를 충실히 수행하여 투명하고, 신뢰성 있는 회계자료를 작성하는 것은 아무리 강조하여도 지나침이 없다.

　이에 관리비와 관리비에 따른 회계업무에 관심이 많은 일반 시민뿐만 아니라 일선에서 묵묵히 회계업무를 수행하고 있는 회계담당자와 앞으로 관리현장에서 회계담당자로 근무하기를 희망하는 예비 취업자를 위한 길라잡이로 이 책을 감히 세상에 내어 놓는다.

　이 책 한 권에 관리 회계업무를 모두 다루었다고 자부하며, 아무쪼록 예비 취업자나 현장에서 근무하고 있는 회계담당자에게 많은 도움이 되기를 바란다.

저자　나근희

차례

머리말 | 5

∷ 1부 공동주택과 빌딩의 회계원리

제1장 공동주택, 빌딩 관리비의 이해 | 10
제2장 공동주택, 빌딩 회계 기초 | 16
제3장 공동주택, 빌딩 회계 처리 | 23
제4장 예산 및 결산 | 32

∷ 2부 공동주택과 빌딩의 관리비 부과 실습

제5장 관리비 발생 | 38
제6장 관리비 마감 | 39
제7장 관리비 부과 및 수납 | 41
제8장 부과 내역서 | 46
제9장 부속 명세서 | 55
제10장 관리비 조정 명세서 | 63
제11장 회계 전산 | 65

3부 연말정산 및 부가세 등

제12장 4대 보험 ㅣ 74
제13장 연말 정산 및 소득세 ㅣ 76
제14장 부가세 ㅣ 79
제15장 세무 ㅣ 83
제16장 주요 경리 업무 ㅣ 86
제17장 관리비 채권 관리 ㅣ 97
제18장 회계업무 인수인계 ㅣ 100

1부
공동주택과 빌딩의 회계원리

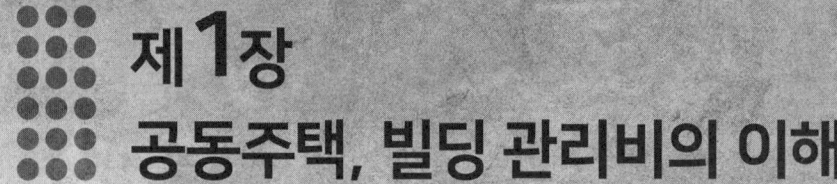

제1장
공동주택, 빌딩 관리비의 이해

1. 건물관리 회계의 정의

1) 공동주택과 집합건물의 구분

(1) 공동주택

공동주택이란 건축물의 벽, 복도, 설비 등의 전부 또는 일부를 공동으로 사용하는 각각의 세대가 하나의 건축물 안에서 독립된 주거생활을 영위하는 구조로 되어 있는 아파트, 연립주택 등을 말한다.

(2) 집합건물

한 개 동의 건물에서 구조상 구분된 여러 개의 부분이 독립된 건물로 사용될 수 있어서 구분 소유권의 객체가 될 수 있는 상가, 오피스텔, 사무실 등을 집합건물이라 말한다.

(3) 전유부분과 공유부분

전유부분 : 각각의 세대가 독립적으로 주거생활 또는 업무를 영위할 수 있도록 구획된 부분

공유부분 : 공동주택과 집합건물에서 전유부분을 제외한 나머지 부대 시설, 복리시설 등 공동으로 소유하는 부분

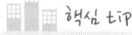 핵심 tip

공동주택과 집합건물은 세대의 전유부분과 공유부분으로 구성된다.

2) 건물관리 회계의 정의

(1) 일반적인 회계와 건물관리 회계의 구분

- **일반적인 회계의 의의**

회계란 경영주체가 경영활동에 따른 재화의 변동과 경영활동 결과에 관한 정보를 경영 이해관련자에게 보고 하기위해 작성하는 절차 및 재무보고서를 말한다.

- **건물관리 회계의 의의**

건물관리 회계란 공동주택 또는 집합건물에서 관리비가 발생한 것에 대하여 관리비 부과, 수납의 행위가 이루어지는데, 이에 따른 재화의 변동과 관리활동에 따른 정보를 건물관리 이해관련자에게 보고 하기 위해 작성하는 절차 및 재무보고서를 말한다.

2. 건물관리 회계의 특징

공동주택 및 집합건물은 관리에 소요되는 관리비를 월간 결산하여 매월 관리비를 부과하고 수납한다. 공동주택 및 집합건물은 관리비의 비영리성으로 인해 영리를 목적으로 하는 기업회계와 달리 다음과 같은 특징이 있다.

1) 매월 말 결산과 월별 관리비의 부과 및 수납

관리주체는 매월 말 결산을 실시하고 결산보고서를 작성한다. 결산보고서를 근거로 관리비용을 산출하여 관리비를 입주자에게 부과하고 수납한다.

2) 퇴직급여충당금의 월별 계상

기업회계에서는 연말 결산시에 퇴직급여충담금을 계산하고 있다. 그러나 관리주체는 월별 관리비 부과 및 월별 수익자부담 원칙에 의하여 매월 퇴직급여충당금을 계상한다.

3) 관리비예치금의 출연

공동주택과 집합건물은 입주 초기에 구분소유자로부터 관리비예치금을 출연하게 하여 입주 초기에 관리운영자금으로 사용한다. 이때 관리비선수금은 회계상 부채로 계상한다.

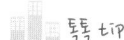 톡톡 tip

건물관리 회계는 일반적인 회계와는 상당히 구별되는 건물관리에 따른 독특한 회계영역으로 발전하고 있다.

3. 관리비의 의의 및 구성

1) 관리비의 의의
공동주택 및 집합건물의 관리주체가 공용부분의 관리와 입주자들의 편익을 위해 행하는 제반 관리행위로 인하여 발생하는 관리비용

2) 관리비의 구성
공동주택관리법 시행령 제23조에 따라, 관리비는 일반관리비와 청소비, 경비비, 소독비, 승강기유지비, 지능형 홈네트워크 시설유지비, 난방비, 급탕비, 수선유지비, 위탁관리 수수료 등 10개의 항목으로 구성되어 있다.

3) 관리비의 항목별 내역
① **일반관리비** : 관리직원 인건비, 제사무비, 제세공과금, 교육훈련비
② **청소비** : 청소용역비 또는 미화원 인건비
③ **경비비** : 경비용역비 또는 경비원 인건비
④ **소독비** : 건물내 소독비
⑤ **승강기유지비** : 승강기 시설 유지관리 용역비
⑥ **난방비** : 건물내 난방을 위해 사용된 난방 에너지 사용료
⑦ **급탕비** : 건물내 급탕을 위해 사용된 급탕 에너지 사용료
⑧ **수선유지비** : 건물내 각종 시설의 수선 유지를 위한 비용
⑨ **지능형 홈네트워크 시설유지비** : 홈네트워크 시설 유지 관리비
⑩ **위탁관리수수료** : 건물 위탁관리회사의 관리 수수료

4) 징수대행 관리비
관리주체는 각각의 입주자가 사용한 다음의 사용료 등을 입주자를 대행하여 각 단지의 경우에 따라 징수대행하고 있다.

① **전기료** : 건물내 전기 사용료
② **수도료** : 건물내 상수도 사용료
③ **가스료** : 건물내 도시가스 사용료
④ **생활폐기물수수료** : 생활 폐기물 처리 수수료
⑤ **건물보험료** : 건물 화재 보험료

4. 관리비의 부담액 산정

관리비 및 사용료의 세대별 부담액 산정 방법은 다음 표와 같다.

1) 관리비의 세대별 부담액 산정 방법

비 목	세대별 부담액 산정방법
1. 일반관리비	● 예산을 12개월로 분할하여 매월 공급면적에 따라 배분한다.
2. 청소비	● 예산을 12개월로 분할하여 매월 공급면적에 따라 배분한다. 다만, 용역시에는 월간 용역대금을 공급면적에 따라 배분한다.
3. 경비비	
4. 소독비	
5. 승강기 유지비	● 예산을 12개월로 분할하여 매월 공급면적에 따라 배분한다. 다만, 용역시에는 월간 용역대금을 공급면적에 따라 배분한다.
6. 난방비	● 중앙난방 방식인 공동주택의 경우 계량기가 설치된 경우에는 그 계량에 따라 세대별 난방비를 산정한다. 다만, 계량기가 설치되지 아니하였거나 이를 사용할 수 없는 경우에는 월간 실제 소요된 비용을 공급면적에 따라 배분한다. * 난방비 = 유류대(가스비) - 급탕비
7. 급탕비	● 세대별로 사용량(m^3당)에 1m^3당 단가(입주자대표회의에서 의결한다)를 곱하여 산정한다.
8. 지능형 홈네트워크 시설유지비	● 예산을 12개월로 분할하여 매월 공급면적에 따라 배분한다. 다만, 용역시에는 월간 용역대금을 공급면적에 따라 배분한다.
9. 수선유지비	● 예산을 12개월로 분할하여 공급면적에 따라 배분한다.
10. 위탁관리 수수료	● 주택관리업자에게 위탁하여 관리하는 경우 관리업자와 입주자대표회의와 체결한 매월 위탁관리수수료를 주택공급면적에 따라 배분한다.

〈비고〉 예비비는 예산이 책정되지 않은 예측할 수 없는 긴급 상황에 한하여 예비비를 사용할 수 있으며, 예비비를 사용한 때에는 그 금액을 관리비 부과내역서에 별도로 기재하여야 한다.

2) 공동사용료의 산정 방법

비 목		세대별 부담액 산정방법
공동 전기료	공용시설 전기료	● 공용시설인 중앙난방 방식의 보일러, 급수펌프, 소방펌프, 가로등, 지하주차장 및 관리사무소 등의 부대시설 및 복리시설에서 사용하는 전기료를 세대공급면적에 따라 배분한다. * 일반용, 산업용, 가로등 전기료를 구분한다.
	승강기 전기료	● 동별로 구분하여(동별로 구분된 계량기가 설치된 경우) 월간 실제 소요된 비용을 2층 이하를 제외하고, 세대단가에 따라 배분한다.
공동 수도료		● 월간 실제 소요된 비용을 공급면적에 따라 배분한다.

3) 사용료의 세대별 산정 방법

비 목		세대별 부담액 산정방법
1. 전기료	세대 전기료	● 관리주체가 전기요금을 입주자 등으로부터 징수하여 한국전력공사에 납부하는 공동주택에 한하여, 월간 세대별 사용량을 한국전력공사의 전기공급약관에 따라 산정한다.
2. 세대 수도료		● 월간 세대별 사용량을 해당 수도공급자의 수도급수조례 또는 공급규정 등에 따라 산정한다.
3. 지역 난방	난방비	● 지역난방방식인 경우 열량계 및 유량계 등의 계량에 따라 실제 사용량으로 산정한다.
		* 난방비 = 지역난방 열요금 − 급탕비
	급탕비	● 세대별 사용량(m^3당)에 1m^3당 단가(입주자대표회의에서 의결한다)를 곱하여 산정한다.
4. 정화조오물 수수료		● 용역대금을 12개월로 분할하여 주택공급면적에 따라 산정한다.
5. 생활폐기물 수수료		● 생활폐기물 수거업자와 계약한 세대별 수수료로 산정한다.
6. 입주자대표 회의 운영경비		● 매달 발생되는 금액을 면적에 따라 산정한다.
7. 건물보험료		● 가입한 보험료를 12개월로 분할하여 매월 면적에 따라 산정한다.
8. 선거관리 위원회 운영경비		● 연간 예산으로 정한 금액을 12개월로 분할하여 매월 면적에 따라 산정하거나, 발생된 금액을 면적에 따라 산정한다.

5. 관리비의 수입과 지출

1) 관리비의 수입

(1) 관리비의 수납에 따른 수입을 말한다
(2) 관리비 수입금은 금융기관에 수납 대행하도록 하여야 한다.
(3) 수입금의 통장 명의는 입주자대표회의로 한다.
(4) 통장의 인감은 보통 대표회장과 관리소장의 공동인감으로 한다.

2) 관리비의 지출

관리비의 지출은 다음의 경우를 제외하고는 금융기관 계좌를 통한 자금이체를 통하여 지출한다.

- 계좌이체가 특별히 곤란한 경우
- 10만원 미만 소액을 지출하는 경우
- 교통비 등을 지출하는 경우

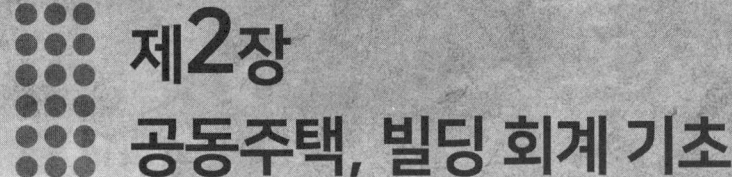
제2장
공동주택, 빌딩 회계 기초

1. 복식부기의 개념

1) 부기의 개념
부기는 〈장부기입〉의 약자이며, 관리주체의 관리활동으로 발생되는 재산의 증감, 자본의 증감을 계정이라고 하는 독특한 계산 형식을 이용하여 화폐가치(금액)로 지속적으로 기록, 계산, 정리하여 그 원인과 결과를 장부에 명확히 나타내는 행위를 말한다.

2) 단식부기의 개념
단식부기는 재산구성의 변동만을 기록하고, 손익계산의 상세한 내용을 표시하지 않는 수입과 지출만을 단순히 기록하는 방식을 말한다. 단식부기는 회계지식이 없어도 쓰기 쉬운 반면에, 순수입 및 지출 집계가 어렵고, 회계 기록이 누락되어도 발견하기가 어렵다.

3) 복식부기의 개념
복식부기는 재정상태와 운영실적을 객관적으로 분석할 수 있는 방법으로서, 하나의 회계 거래를 이중으로, 각 계정과목의 차변과 대변에 복식으로 기록하는 방식이다. 거래에 있어서 단식부기에 의해 하나의 화폐가치로 나타낼 수도 있는 것을 자산적 측면(자산)과 부채 또는 자본적 측면(부채 또는 자본)의 양면을 동시에 나타내는 방식을 복식부기라고 한다.

2. 거래의 이해

1) 거래의 의미

회계상의 거래란 관리주체의 자산, 부채, 자본 및 수익 비용의 발생, 증감이나 변동을 일으키는 제반 관리활동과 경제적 행위를 의미한다.

2) 일반적인 거래와 회계상 거래

1. 일반적인 거래의 경우	● 상품의 주문 ● 계약금 수수가 없는 매매계약 ● 고용상의 계약
2. 회계상 거래	● 화재로인한 손실 ● 유형자산의 감가상각 ● 현금 도난 ● 재고자산의 파손
3. 일반적인 거래로서 회계상의 거래인 경우	● 상품 매매 ● 은행 차입 ● 비품 매입

3. 분개의 의미

분개란 복식부기의 원리에 따라 거래를 8개의 요소로 구분하여 차변(왼쪽)과 대변(오른쪽)에 계정과목의 금액을 기록하는 행위를 말한다.

4. 거래의 8요소

1) 거래의 8요소의 이해

회계상의 모든 거래를 8가지 요소로 구분한 것으로, 모든 거래는 차변과 대변이 일치하는 거래의 8가지 요소에 해당한다.

2) 거래의 8요소의 결합관계

거래의 8요소 결합관계	
차 변	대 변
1. 자산의 증가 2. 부채의 감소 3. 자본의 감소 4. 비용발생	1. 자산의 감소 2. 부채의 증가 3. 자본의 증가 4. 수익발생

> **톡톡 tip**
> 아파트, 건물관리 회계는 복식부기이다. 재무제표의 계정과목은 자산, 부채, 자본, 비용, 수익으로 구별되며 자산의 증가와 비용의 증가는 차변에, 부채와 자본, 수익의 증가는 대변에 기록한다.
> 회계담당자가 거래의 8요소를 이해하면 경리업무의 90%를 이해하였다고 볼 수 있다.

5. 계정과목의 이해

1) 계정의 의미

회계상의 거래가 발생하면 같은 종류, 같은 성질의 거래를 하나의 단위로 대분류한 것으로 자산, 부채, 자본, 수익, 비용을 말하며, 이러한 계산 단위를 계정이라고 한다.

2) 계정과목의 의미

자산, 부채, 자본, 수익, 비용 즉 각각의 계정을 각각의 구성요소에 따라 소분류 한 것으로 제예금, 미지급금, 예비비적립금, 잡수입, 수선유지비 등을 말하며, 이러한 계산 단위를 계정과목이라 한다.

> **핵심 tip**
> 경리 담당자는 모든 회계 거래를, 각각의 거래별로 예금계정, 급여 계정, 수선유지비 등 거래의 성질별로 해당 계정과목별로 기록한다.
> 경리 업무에서 사용하는 계정과목의 수는 대략 3~40개 정도인데, 업무를 하다 보면 자연스레 계정과목이 익숙해진다.

3) 계정과 계정과목의 분류

<table>
<tr><th colspan="4">계 정</th><th>계 정 과 목</th></tr>
<tr><td rowspan="11">재무상태표</td><td rowspan="5">자산</td><td rowspan="2">유동자산</td><td>당좌자산</td><td>현금, 예금, 미수관리비, 가지급금, 선급비용, 당좌자산</td></tr>
<tr><td>재고자산</td><td>저장품, 기타 재고자산</td></tr>
<tr><td rowspan="2">비유동 자산</td><td>투자자산</td><td>장기수선충당예치금, 보증금, 기타 예치금</td></tr>
<tr><td>유형자산</td><td>집기비품, 공기구, 건물, 구축물, 차량운반구, 기타 유형자산</td></tr>
<tr><td colspan="2"></td><td></td></tr>
<tr><td rowspan="2">부채</td><td colspan="2">유동부채</td><td>미지급금, 예수금, 가수금, 각 충당금, 단기성충당금</td></tr>
<tr><td colspan="2">비유동부채</td><td>임대보증금, 퇴직충당금, 장기수선충당금 및 장기성충당금</td></tr>
<tr><td rowspan="2">자본</td><td colspan="2">관리비예치금</td><td>관리비출연금</td></tr>
<tr><td colspan="2">이익잉여금</td><td>이월이익잉여금, 공동체활성화단체지원적립금, 장기수선적립금, 예비비적립금, 공동주택적립금, 당기순이익</td></tr>
<tr><td colspan="3"></td><td></td></tr>
<tr><td colspan="3"></td><td></td></tr>
<tr><td rowspan="5">운영성과표</td><td rowspan="2">수익</td><td colspan="2">관리수익</td><td>관리비수입</td></tr>
<tr><td colspan="2">관리외 수익</td><td>이자수입, 연체료수입, 승강기수입, 임대료수입, 재활용수입, 잡수입, 관리비 외에 유입되는 수익</td></tr>
<tr><td rowspan="3">비용</td><td rowspan="2">관리비용</td><td>일반관리비</td><td>급여, 제수당, 상여금, 퇴직금, 4대보험료, 복리후생비, 사무용품비, 소모품비, 도서인쇄비, 우편료, 통신료, 여비교통비, 제세공과금, 교육훈련비, 피복비, 감가상각비, 회계감사비, 잡비 등</td></tr>
<tr><td>기타관리비</td><td>청소비, 경비비, 소독비, 승강기유지비, 난방비, 급탕비, 수선유지비, 지능형홈네트워크시설유지비, 위탁수수료, 장기수선충당금전입액, 전기료, 수도료, 가스사용료, 열요금, 보험료, 생활폐기물수수료, 정화조오물수수료, 입주자대표회의운영비, 선거관리운영회운영비 등 입주자 등이 납부하는 비용</td></tr>
<tr><td colspan="2">관리외 비용</td><td>잡손실, 부과차손, 잡지출, 입주자 등에게 부과징수하지 않는 비용</td></tr>
</table>

6. 계정과목별 정리

1) 자산계정의 계정과목

(1) 유동자산 : 1년 이내에 현금화 할 수 있는 자산

① **당좌자산** : 단시간에 현금화 될 수 있는 자산

  현금 : 관리소에서 보유하는 현금을 말하며, 주로 소액의 현금 지출시에 사용하며 현금시재라고도 말한다.
  예금 : 은행의 통장에 예치한 금액
  미수관리비 : 관리비를 부과하였으나, 아직 수납되지 않은 관리비
  미부과관리비 : 관리비가 발생하였으나, 아직 세대에 부과하지 않은 관리비
  선급비용 : 아직 제공되지 않은 용역에 대하여 미리 지급한 비용
  미수수익 : 외부에 용역을 제공하였지만 아직 수납되지 않은 수익
  미수금 : 받아야 할 대금을 아직 받지 못한 돈
  가지급금 : 현금 지급은 이루어졌으나 아직 사용 내역과 금액이 확정되지 않은 돈
  부가가치세대급금 : 부가가치세를 외부에 맡겨 놓은 금액
  선납법인세 : 미리 납부한 법인세를 말하며, 법인이 개설한 예금이나 적금에서 발생한 이자수익의 원천 징수 금액이 선납법인세에 해당한다.
  선납지방소득세 : 미리 납부한 지방소득세를 말하며, 법인이 개설한 예금이나 적금에서 발생한 이자수익의 원천 징수한 지방소득세에 해당한다.

② **재고자산** : 보유하고 있는 저장품 또는 소모품을 재고 자산이라 한다.

  저장품 : 수선용 부품 등을 저장품이라고 한다.
  소모품 : 관리사무실에서 사용하는 종이, 볼펜, 연필 등의 소모성 물품

(2) 비유동자산 : 1년 이내에 현금화하기 어려운 자산

① **투자자산** : 장기간에 걸쳐 투자이익을 얻기 위하여 보유하고 있는 자산

장기수선충당예치금 : 건축물, 시설물의 시설 교체나 보수를 위해, 장기 수선계획에 따라 은행 통장에 적립해 놓은 예치금

퇴직급여충당예치금 : 직원의 퇴직시에 소요되는 퇴직급여추계액을 금융기관에 적립해 놓은 예치금

② **유형자산** : 관리사무소가 장기간에 걸쳐 보유하고 있는 구체적인 형태가 있는 자산

집기비품 : 사무실 컴퓨터, 복사기 등 비품

집기비품감가상각누계액 : 집기비품이 시간이 지나면서 가치가 저하되는 만큼 그 가치를 감가한 누계액

차량운반구 : 관리소의 업무용 차량, 오토바이, 자전거 등 운반구

차량운반구감가상각누계액 : 차량운반구가 시간이 지나면서 가치가 저하되는 만큼 그 가치를 감가한 누계액

기타유형자산 : 집기비품, 차량운반구 외 기타의 유형자산

기타유형자산감가상각누계액

③ **기타비유동자산** : 투자자산, 유형자산 외 기타의 비유동자산

전신전화가입권 : 전화, 통신분야 가입 보증금

임차보증금 : 사무실, 부동산 등의 임차 보증금

2) 부채계정의 계정과목

① **유동부채** : 만기가 1년이내 도래하는 부채

미지급금 : 지급기일이 도래하였지만 아직 지급하지 않은 채무

미지급비용 : 일정한 계약에 의거 계속적으로 용역을 제공받고 있지만 아직 그 대가를 지급하지 않은 비용

예수금 : 관리직원의 4대보험금 등을 일시적으로 보관하여 놓은 금액

부가가치세예수금 : 단지내 게시판 광고수입이나 외부 차량의 주차료 징수시 세금계산서를 발급시에 받아 놓은 부가가치세

중간관리비예수금 : 세대 이사 전출 시에, 전출 시점에 부과 고지되지 않은 발생 관리비를 전출 세대로 받은 중간 정산 관리비

선수수익 : 현재 수입은 이루어져 입금되었으나, 수익의 귀속시기가 다음 시기 이후인 수익

가수금 : 관리비 통장에 계좌이체된 금액 중 원인 불명이거나, 현금을 받았으나 이를 처리할 계정이 확정되지 않은 금액

수선충당금 : 장기수선계획에 해당 되지 않는 시설의 수선에 소요될 금액을 추산하여 미리 쌓아 놓은 금액

연차충당금 : 관리직원의 연차수당을 지급하기 위해 매월 쌓아놓는 금액

② **비유동부채** : 만기가 1년 이후 도래하는 부채

관리비예치금 : 단지의 관리 운영자금을 위해 입주 초기에 구분 소유자가 부담하여 납부한 출연금을 말하며, 관리비출연금이라고도 한다.

퇴직급여충당금 : 관리직원의 퇴직시에 지급하여야 하는 퇴직금을 미리 매월 적립하여 놓는 금액

장기수선충당금 : 장기수선계획에 해당 되는 단지의 주요 시설에 대하여 장기적인 계획에 의해 매월 적립하여 쌓아 놓는 금액

임대보증금 : 단지 내 어린이집, 창고 등을 임대시에 임차인에게서 받아놓는 보증금

3) 자본계정의 계정과목

① **적립금**

예비비적립금 : 회기 마감 후, 이익잉여금 처분 시에 입주자대표회의의 의결에 따라 일반 관리 운영자금과 분리하여 별도로 적립하는 금액

공동체활성화단체지원적립금 : 회기 마감 후, 이익잉여금 처분 시에 단지 내 야생화동호회, 산악회 등의 자생단체를 활성화하고 지원하기 위하여 별도로 적립하는 금액

② **미처분 이익잉여금**

전기이월 이익잉여금 : 회기 마감 후에 아직 처분되지 않은 전기로부터 이월된 이익잉여금

당기순이익 : 회기 마감 전에 당기에 발생된 순이익

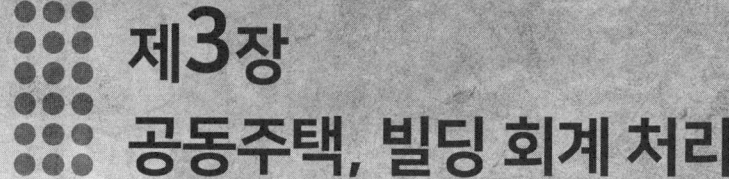

제3장
공동주택, 빌딩 회계 처리

1. 분개와 전표 등록

모든 회계상의 거래는 계정과목의 차변과 대변에 계산하여 기입된다. 이것을 분개의 원칙이라고 하는데, 회계상의 거래가 발생하면 해당되는 계정과목을 분류하고, 거래의 8요소에 따라 해당 계정과목의 차변, 대변에 기입하는 행위를 분개라고 말한다.

2. 재무제표

1) 재무제표의 의미

아파트, 빌딩은 회계의 특성상 매월 회계보고서를 작성한다. 회계보고서에는 합계잔액시산표, 재무상태표, 운영성과표, 이익잉여금처분계산서가 있다. 그 밖에 필요에 따라 각종 부속명세서가 회계보고서에 첨부되는데, 예금명세서, 미수관리비 명세서, 가수금 명세서 등이 있다.

2) 합계잔액시산표

(1) 합계잔액시산표의 정의

합계잔액시산표는 결산시에 총계정원장의 각 계정별 금액을 정리하여 기입한 표로서, 합계잔액시산표의 차변 합계와 대변 합계가 일치하고, 차변 잔액과 대변 잔액이 일치하면 총계정원장의 기록에 금액상의 오류가 없다는 것을 의미한다.

(2) 합계잔액시산표 예시

2019년 01월 31일

합계잔액시산표

차 변			계정과목명	대 변		
잔액	합계	당월		당월	합계	잔액
22,398,138	111,436,928	10,188,300	자산	9,960,870	89,038,790	0
13,409,288	43,827,208	2,594,350	제예금	3,650,110	30,417,920	0
13,409,288	43,827,208	2,594,350	우리은행	3,650,110	30,417,920	0
5,111,070	33,574,080	3,716,170	미수관리비	2,594,350	28,463,010	0
3,877,780	34,035,640	3,877,780	미부과관리비	3,716,410	30,157,860	0
0	0	0	가지급금	0	0	0
0	0	0	미수금	0	0	0
120,000	120,000	0	공구와 기구	0	0	0
-120,000	-120,000	0	공기구감가상각누계액	0	0	0
0	24,904,740	2,963,130	부채	3,190,800	32,372,330	7,467,590
0	23,434,320	2,963,130	미지급금	3,124,800	26,772,480	3,338,160
0	682,060	0	가수금	0	1,307,560	625,500
0	424,160	0	수선유지비충당금	34,000	2,840,610	2,416,450
0	364,200	0	정화조오물충당금	32,000	1,451,680	1,087,480
0	0	0	자본	0	14,629,229	14,629,229
0	0	0	관리비예치금	0	5,140,000	5,140,000
0	0	0	전기이월이익잉여금	0	9,489,229	9,489,229
0	0	0	수익	3,877,840	30,835,779	30,835,779
0	0	0	관리수익	3,877,780	30,534,140	30,534,140
0	0	0	관리비수입	3,877,780	30,534,140	30,534,140
0	0	0	관리외수익	60	301,639	301,639
0	0	0	연체료수입	0	291,490	291,490
0	0	0	이자수입	0	9,609	9,609
0	0	0	잡수입	60	540	540
30,534,460	30,534,460	3,878,080	비용	0	0	0
30,534,140	30,534,140	3,877,780	관리비용	0	0	0
5,504,640	5,504,640	687,580	일반관리비	0	0	0
13,600	13,600	1,200	지급수수료	0	0	0
5,280,000	5,280,000	660,000	위탁관리수수료	0	0	0
211,040	211,040	26,380	교통통신비	0	0	0
12,360,000	12,360,000	1,545,000	관리항목	0	0	0
4,000,000	4,000,000	500,000	청소용역비	0	0	0
3,040,000	3,040,000	380,000	경비보안비	0	0	0
3,200,000	3,200,000	400,000	승강기유지비	0	0	0
968,000	968,000	121,000	전기안전대행료	0	0	0
880,000	880,000	110,000	방화관리비	0	0	0
272,000	272,000	34,000	수선충당전입액	0	0	0
12,669,500	12,669,500	1,645,200	사용료	0	0	0
12,413,500	12,413,500	1,613,200	전기료	0	0	0
256,000	256,000	32,000	정화조오물수수료	0	0	0
320	320	300	관리외 비용	0	0	0
320	320	300	잡지출	0	0	0
52,932,598	166,876,128	17,029,510	합계	17,029,510	166,876,128	52,932,598

3) 재무상태표

(1) 재무상태표의 정의

재무상태표는 일정 시점의 회계주체의 재무상태, 다시 말해 자산, 부채, 자본의 보유현황을 나타내는 회계보고서이다.

(2) 재무상태표 예시

당기 : 2019년 01월 31일까지
전기 : 2018년 01월 31일까지

재 무 보 고 서

계정과목명	당기 금액	당기 합계	전기 금액	전기 합계
자산	0	22,398,138	0	24,026,711
-유동자산	0	22,398,138	0	24,026,711
우리은행	13,409,288	0	14,922,231	0
1)미수관리비	5,111,070	0	3,323,470	0
2)미부과관리비	3,877,780	0	3,758,330	0
3)가지급금	0	0	2,022,680	0
4)미수금	0	0	0	0
-비유동자산	0	0	0	0
1)공구와 기구	120,000	0	120,000	0
2)공기구감가상각누계액	-120,000	0	-120,000	0
부채	0	7,467,590	0	7,443,440
-유동부채	0	7,467,590	0	7,443,440
1)미지급금	3,338,160	0	3,216,710	0
2)가수금	625,500	0	726,440	0
3)수선유지비충당금	2,416,450	0	2,432,610	0
4)정화조오물충당금	1,087,480	0	1,067,680	0
-비유동부채	0	0	0	0
자본	0	14,930,548	0	16,583,271
1)관리비예치금	5,140,000	0	5,140,000	0
-이익잉여금	0	9,790,548	0	11,443,271
1)전기이월이익잉여금	9,489,229	0	11,141,066	0
2)당기순이익	301,319	0	302,205	0
부채와 자본 총계	0	22,398,138	0	24,026,711

4) 운영성과표

(1) 운영성과표의 정의

운영성과표는 일정 기간의 손익 현황을 나타내는 재무제표로서, 운영성과표에 일정 기간의 수익, 비용, 이익(손실)이 나타난다. 이때의 이익을 당기순이익이라고 말하는데, 당기순이익은 자본에 계상된다.

(2) 운영성과표 예시

당기 : 2018년06월01일 ~ 2019년01월31일까지
전기 : 2017년06월01일 ~ 2018년01월31일까지

운 영 보 고 서

계정과목명	당기 금액	당기 합계	전기 금액	전기 합계
.수익		30,835,779		30,343,725
-관리수익		30,534,140		30,041,510
1)관리비수입	30,534,140		30,041,510	
.비용		30,534,460		30,041,520
-관리비용		30,534,140		30,041,510
1)일반관리비		5,504,640		5,390,240
지급수수료	13,600		9,200	
위탁관리수수료	5,280,000		5,170,000	
교통통신비	211,040		211,040	
2)관리항목		12,360,000		12,208,400
청소용역비	4,000,000		4,000,000	
경비보안비	3,040,000		3,040,000	
승강기유지비	3,200,000		3,200,000	
전기안전대행료	968,000		970,400	
방화관리비	880,000		726,000	
수선충당전입액	272,000		272,000	
3)사용료		12,669,500		12,442,870
전기료	12,413,500		12,186,870	
정화조오물수수료	256,000		256,000	
-관리총이익				
-관리외수익		301,639		302,215
1)연체료수입	291,490		291,760	
2)이자수입	9,609		9,965	
3)잡수입	540		490	
-관리외 비용		320		10
1)잡지출	320		10	
-당기순이익		301,319		302,205

5) 이익잉여금처분계산서

(1) 이익잉여금처분계산서의 정의

이익잉여금처분계산서는 전기 이월 이익잉여금과 당기순이익의 처분 현황을 계산하여 나타내는 재무제표이다.

(2) 이익잉여금처분계산서 예시

이익잉여금처분계산서
제14(당)기 : 2017년 1월 1일부터 12월 31일까지
처분확정일 : 2018년 01월 15일
제13(전)기 : 2016년 1월 1일부터 12월 31일까지
처분확정일 : 2017년 02월 22일

개나리아파트 관리사무소 (단위 : 원)

과 목	제14(당)기		제13(전)기	
	금 액		금 액	
Ⅰ. 미처분이익잉여금		0		0
전기 이월 이익잉여금			30,205,892	
당기순이익	24,169,019		0	
Ⅱ. 이익잉여금 이입액		0		0
기타 적립금	0		0	
합계(Ⅰ+Ⅱ)		0		0
Ⅲ. 이익잉여금처분액		24,169,019		30,205,892
예비비적립금	39,011,500		4,677,426	
공동체활성화단체지원적립금	0		0	
장기수선충당금	7,944,129		12,084,314	
관리비차감적립금	12,323,740		13,444,152	
Ⅳ. 차기 이월 이익잉여금(Ⅰ+Ⅱ-Ⅲ)		0		0

3. 주요 계정별 회계처리

1) 미수관리비

(1) 미수관리비의 의의

당월에 발생한 관리비용을 부과하여 세대에게 받을 금액을 일컫음.

(2) 미수관리비의 회계처리

① 미부과관리비 계정을 사용할 경우

　　차변) 미부과관리비 / 대변) 관리비수입
　　　　(자산의 증가)　　　(수익의 발생)

② 미부과관리비 계정을 사용 안 할 경우

　　차변) 미수관리비 / 대변) 미부과관리비
　　　　　　　　　　　　　　부과차액
　　　　(자산의 증가)　　　(수익의 발생)

> **톡톡 tip**
> 당월에 발생한 관리비를 대부분 당월에 부과하지 않고 익월에 부과하므로, 당월에 미부과관리비라는 자산계정이 익월에 미수관리비라는 계정으로 변환되는 단계를 밟게 된다.

2) 관리비출연금

(1) 관리비출연금의 의의

입주초기 수반되는 1~2개월간의 관리비를 미리 예측하여 선지출한 후에 익월에 해당 관리비를 부과 후 수납하여 충당하기 위한 관리비운영 자금

(2) 관리비출연금의 회계처리

　① 입주초기 계상시
　　차변) 미수관리비출연금 / 대변) 관리비출연금

　② 세대에서 입금시
　　차변) 예금 / 대변) 미수관리비출연금

　계상된 미수관리비출연금을 소유주가 납부하게 되면 자산계정인 "예금"이 증가하게 되어 차변에 기입하고, 그만큼 소유주에게 받을 미수관리비출연금이 감소(자산감소)하게 되므로 대변에 기입한다.

> **핵심 tip**
> 복식회계는 회계상 발생한 하나의 거래(하나의 대상)를 차변과 대변에 중복하여 기록하기에 복식회계라 한다.

3) 전기이월 이익잉여금

(1) 전기이월 이익잉여금의 의의

전년도 당기순이익으로 대표회의에서 결정된 사용처대로 처분하여야 할 금액

(2) 전기이월 이익잉여금의 회계처리

전기이월잉여금을 장기수선충당금과 예비비적립금으로 처리하기로 의결을 한 경우

　　차변) 전기이월 이익잉여금 / 대변) 장기수선충당금
　　　　　(자본의감소)　　　　　　　(부채의증가)
　　　　　　　　　　　　　대변) 예비비적립금
　　　　　　　　　　　　　　　　(자본의 증가)

> **핵심 tip**
> 전기이월잉여금은 자본계정으로 발생(증가)시에 대변에 기입한다(거래의 8요소 숙지).

4. 회계의 오류 수정

1) 공동주택, 빌딩의 〈회계의 오류〉 의미

관리주체가 회계 업무를 처리함에 있어서 악의 또는 고의가 아닌 단순히 회계담당자 착오에 기인한 회계 처리의 오류를 회계의 오류라고 한다.

2) 회계의 오류 유형

(1) 당기순이익에 영향이 없는 오류

① 유동자산을 비유동자산으로 분류한 경우
② 미수금을 외상매출금으로 처리한 경우
③ 유동부채를 비유동부채로 분류한 경우
④ 임대료를 매출로 분류한 경우
⑤ 대손상각비를 감가상각비로 처리한 경우

(2) 당기순이익에 영향이 있는 오류

① 기말재고 계상오류
② 선급비용 및 미지급비용 계상오류
③ 선수수익 및 미지급비용 계상오류
④ 매입, 매출에 대한 오류
⑤ 감가상각비 계상오류
⑥ 자본적 지출과 수익적 지출에 대한 오류

> **핵심 tip**
>
> 당기 순이익은 운영보고서상의 1년 간의 당기에 발생한 관리사무소의 손익결과물이다. 이러한 당기순이익은 대개 연도말 12월 31일에 회기 마감을 하면, 다음 연도 1월 1일자로 당기순이익 금액이 재무상태표상의 전기이월이익잉여금으로 그대로 이월된다. 다시 말해, 임시계정인 운영보고서 상의 당기순이익 계정은 영구 계정인 재무상태표 계정으로 이월되면서 회기 마감하고, 다음 연도에 운영보고서 상의 금액의 기록을 새로이 시작한다.

3) 회계처리

① 전기오류의 수정은 오류가 발견된 기간의 당기손익으로 보고하지 않는다. 따라서 과거 재무자료의 요약을 포함한 과거기간의 정보는 실무적으로 적용할 수 있는 최대한 앞선 기간까지 소급 재작성하여야 한다
② 전기, 그 이전기간에 발생한 중대한 오류의 수정은 전기이월이익잉여금에 반영하고 관련 계정잔액을 수정한다.

4) 오류의 수정 회계처리

(1) 전기오류수정이익의 회계처리

전기의 재무제표는 이미 공시가 되었고, 전기의 재무제표를 수정할 수 없는 상황일 때, 전기의 오류를 수정하게 되는데, 이러한 회계 행위가 전기오류수정 회계처리이다. 수정과 동시에 당기에 이익이 발생하면 전기오류수정이익이라고 한다.

(2) 전기오류수정이익 회계처리 예시

회계결산시에 전기에 발생한 미수임대료 10,000원을 회계처리하지 않고 누락한 사실을 발견하였다. 이때 아래와 같이 전기오류수정이익 분개 처리하여야 한다.

① 전기오류가 중요하지 않아 회계상 손익이 변동되는 전기오류수정
차) 미수임대료 10,000원   대) 전기오류수정이익 10,000원

② 전기오류가 중요하여 이익잉여금 회계처리를 통해 기초를 수정하는 전기오류수정
차) 미수임대료 10,000원   대) 이익잉여금 10,000원

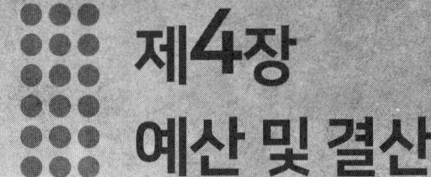
제4장
예산 및 결산

1. 예산

 공동주택 및 집합건물의 모든 수입과 지출은 예산을 편성하여 지출하여야 한다. 지출이 예상되는 모든 항목에 대하여 소요되는 예산을 수립하여 해당 비용이 발생하였을 때 지출하여야 한다. 다만, 사용료인 전기료, 난방비 및 급탕비는 정산제로 한다.

1) 예산 편성과 승인

 모든 수입과 지출은 예산에 편성되어야 한다. 예산안은 입주자대표회의 또는 관리위원회의 승인을 얻어서 확정된다.

2) 예산의 전용 및 이월금지

 (1) 예산은 계정과목간에 전용할 수 없다.

 (2) 예산에 차년(다음 회계연도)에 이월하여 사용할 수 없다. 다만, 부득이한 사유로, 입주자대표회의 승인을 얻은 경우에는 예외로 할 수 있다.

3) 추가경정예산

 회기 도중에 예산을 변경, 증액할 필요할 있는 경우에 추가경정예산을 편성할 수 있으며, 이에 대한 편성 및 집행 절차는 본예산에 준한다.

4) 예산 미편성시 예산집행

부득이한 사유로 예산이 승인, 확정되지 않은 경우에는 전년도 실적 범위 내에서 예산을 집행할 수 있다.

5) 예산집행 실적 분석

예산 집행 실적을 확정된 예산과 대비하여 분석하여야 한다. 분석 시기는 월별 또는 분기별 분석이 있으며, 분석 결과는 다음 연도 예산편성 시 반영하여야 한다.

6) 예산안 예시

계정과목명	전기 예산금액(1)	전기 실적금액(2)	당기 예산금액(3)	전기예산대비 증감(3-1)	전기실적대비 증감(3-2)	산출근거
지급수수료	19,200	18,400	19,200		800	
위탁관리수수료	7,920,000	7,920,000	7,920,000			
교통통신비	316,560	316,560	320,000	3,440	3,440	
교육훈련비						
청소용역비	6,000,000	6,000,000	6,000,000			
경비보안비	4,560,000	4,560,000	4,560,000			
승강기유지비	4,800,000	4,800,000	4,800,000			
전기안전대행료	1,452,000	1,452,000	1,452,000			
방화관리비	1,320,000	1,320,000	1,320,000			
수선유지비						
수선충당전입액	408,000	408,000	408,000			
화재보험료						
전기료	16,200,000	17,697,510	17,500,000	1,300,000	-197,510	
정화조오물수수료	384,000	384,000	384,000			
잡지출		320	5,000	5,000	4,680	

톡톡 tip

예산안은 관리소장이 최종적으로 수립하므로, 경리 담당은 업무흐름을 이해하면 됩니다.

2. 결산

회계기간이 끝나는 일정 시점의 관리성과와 재무상태를 명확하게 정리하기 위하여 실시하는 것으로서, 회계기간이 끝나는 일정 시점 기준으로 장부를 마감하고 결산서를 작성하는 부기상의 절차를 결산이라고 한다.

1) 예산 집행의 결산

(1) 회계기간의 수입과 지출에 대하여 정확히 집계한다.

(2) 결산서는 예산연도 종료 후 60일 이내에 입주자대표회의(또는 관리위원회)에 보고 후 승인을 받아야 한다.

2) 결산의 사전 절차

(1) 결산을 함에 있어서, 먼저 당해 연도의 회계 처리 상태를 명확하게 정리하여야 한다.

(2) 결산은 회계연도 말일을 기준으로 실시한다.

(3) 결산시에 정리하여야 할 사항

　　가수금, 가지급금 정리
　　손익 사항 정리
　　각종 충당금 정리

3) 결산의 본절차

(1) 합계잔액시산표 작성

① 합계잔액시산표의 용도
- 총계정원장의 전기 내용이 정확한가 여부를 검산하기 위해 작성한다.

- 합계잔액시산표를 통하여 거래의 전체적인 변동상황 및 당해 회계연도의 관리실적 및 결산일 현재의 개괄적인 재무상태를 파악할 수 있다.

② 합계잔액시산표의 오류 확인
- 총계정원장의 계정과목별 전기 확인
- 총계정원장의 계정과목별 합계 검산
- 전표에서 총계정원장으로 이기 확인
- 전표의 분개, 계산 등 확인

(2) 총계정원장 마감

① 결산전 정리사항을 총계정원장에 기입

② 결산분개 및 장부마감
- 계정별 결산분개 및 장부마감 방법

구 분		결 산 분 개	장 부 마 감 방 법
손익계정	비용	차)손익*** /대)**비(료)	비용에 속하는 모든 비용의 잔액을 손익계정을 설정하여 대차를 일치시킨다.
	수익	차)**수입 /대)손익**	수익에 속하는 모든 계정의 잔액을 손익계정을 설정하여 대차를 일치시킨다.
집합손익계정	당기순이익발생	차)손익** /대)당기순이익***	집합손익계정 대변의 초과액은 당기순이익이며 이월이익잉여금이 된다.
	당기순손실발생	차)당기순이익** /대)손익***	집합손익계정 차변의 초과액은 당기순손실이며 이월결손금이 된다.
재무보고서계정	자산,부채,자본계정	별도분개없음 이월시산표작성	자산,부채,자본등의 각 계정의 대차를 비교하여 그 차액이 적은 편에 '차기이월'이라고 주서하고, 대차를 일치시켜 장부를 마감한다.

③ 대차대조표 마감
- 보고식에 의하여 작성
- 결산시점의 재무상태를 명확하게 나타내며, 이월시산표를 기초로 작성한다.

④ **손익계산서 마감**
- 보고식에 의하여 작성
- 회계기간의 관리성과를 나타내며, 손익계정을 기초로 작성한다.

3. 이익잉여금(결손금)처분계산서

이익잉여금(결손금)처분계산서는 이월이익잉여금(결손금)의 처분사항을 보고하기 위하여 작성하는 것이며, 입주자대표회의 또는 관리위원회의 의결에 따라 이익잉여금을 장기순선충당금 또 예비비적립금으로 처분한 내용을 정리하여 작성된 보고서이다.

2부
공동주택과 빌딩의 관리비 부과 실습

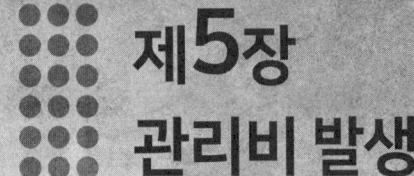

제5장
관리비 발생

1. 주요 관리비 발생 항목

1) 급여

관리 직원들에게 지급하는 급료나 수당, 노동의 대가로 받는 보수를 급여라 한다.

2) 각종 용역비

승강기 유지관리비, 소방시설유지관리비 등 월간 단위로 지급하는 용역비를 말한다.

3) 수선유지비

단지 내 공용 냉난방시설의 청소비 등 공용 시설의 보수 유지비 및 시설 검사비를 말한다.

4) 감가상각비

집기비품이나 설비가 시간이 경과함에 따라 노후되는 것에 대하여, 원가에 대해 사용기간 등에 의한 물리적, 경제적 가치하락의 감소분을 감가상각이라 하고, 감가상각된 금액을 감가상각비라고 한다.

5) 전기료, 수도료

세대에서 월간 사용한 전기료, 수도료는 한국전력과 수도사업소에 납부하여할 세대의 사용료이다. 관리사무소는 전기료와 수도료를 징수 대행하는 업무를 수행하는데, 이를 관리비 항목으로 부과 징수하여 해당 기관에 납부한다.

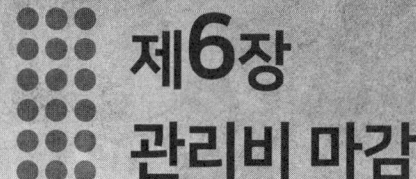

제6장
관리비 마감

매월 관리비 발생 금액을 정리하여 한달간 관리비 항목별 발생금액의 합계액을 정확하게 확정하는 절차를 관리비 마감이라고 한다.

1. 관리비 발생 금액 정리

일반관리비, 청소비, 경비비, 소독비, 승강기유지비, 수선유지비, 위탁관리수수료 등의 비목별 관리비 월간 관리비를 집계하여 관리비로 부과 하기 위해서는 먼저 관리비 발생 금액을 정리하여야 한다.

    검토 사항 : 관리비 통장의 지출 금액
                  지출결의서
                  감가상각비
                  미지급금
                  가지급금

2. 전표 등록

관리비 발생 금액을 정리하고 이상이 없는지 검토가 끝났으면, 관리비 발생 금액을 계정과목별로 분개하여 전표 등록 한다.

3. 운영보고서 확정

관리비 발생금액에 대한 전표 등록을 완료 하면, 작성된 해당월의 운영보고서를 검토하여 확정한다.

4. 관리비 확정

운영보고서 상의 관리비 발생금액 합계액과 관리비 발생 금액과 대조하여 일치하면 해당월의 관리비를 확정한다.

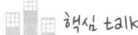

관리비 부과는 예산안을 확정하여 부과하는 예산주의와 매월 발생되는 금액을 관리비로 부과하는 발생주의가 있는데, 대개 발생주의 입각하여 부과하는 것을 원칙으로 한다. 예산주의는 불가피한 관리비 항목에 대하여만 예산주의를 채택하고 있는 실정이다.

제7장 관리비 부과 및 수납

1. 관리비 부과

해당 월의 관리비 발생 금액이 확정되면, 관리비 부과 총괄표를 작성하여 부과 총괄표의 합계액이 관리비 발생 금액과 일치하는지 대조한다. 대조하여 이상이 없으면, 단지 전체의 발생 관리비를 세대 분양면적별로 나누어 각 세대에게 부과한다.

관리비 총괄표

부과월분 : 2018년 05월   개나리아파트

항목명	부과방법	발생총금액	총부과금액	부과차액	부과세대	면제세대
일반관리비	(평당단가)(분양평형)	57,867,297	57,871,490	4,193	1,882	0
청소비	(세대단가)(동평형별)	25,362,018	25,367,090	5,072	1,882	0
소독비	(평당단가)(분양평형)	590,000	588,130	-1,870	1,882	0
경비비	(세대단가)(동평형별)	111,661,650	111,659,240	-2,410	1,882	0
승강기유지비	(평당단가)(분양평형)	2,805,000	2,805,580	580	1,662	220
장기수선충당금	(평당단가)(분양평형)	48,457,500	48,457,500	0	1,882	0
수선유지비	(평당단가)(분양평형)	9,400,640	9,395,730	-4,910	1,882	0
생활폐기물비	(세대단가)(구분없음)	1,866,000	1,866,000	0	1,866	16

위탁수수료	(평당단가) (분양평형)	1,006,910	1,008,360	1,450	1,882	0
유선방송시청료	(세대단가) (구분없음)	4,493,960	4,493,040	-920	1,158	724
대표회의운영비	(평당단가) (분양평형)	2,250,000	2,252,050	2,050	1,882	0
보험료	(평당단가) (분양평형)	1,188,180	1,189,850	1,670	1,882	0
CCTV유지비	(평당단가) (분양평형)	825,000	824,730	-270	1,882	0
조경관리용역비	(평당단가) (분양평형)	3,203,200	3,203,260	60	1,882	0
저장품	(별도금액부과) (-)	6,160	6,160	0	2	1,880
세대전기료	(조견표적용) (전기)	57,768,270	57,768,270	0	0	0
공동전기료	(평당단가) (분양평형)	8,355,773	8,354,530	-1,243	1,882	0
승강기전기	(세대단가) (동평형별)	5,045,060	5,044,240	-820	1,537	345
TV수신료	(별도금액부과) (-)	4,305,000	4,305,000	0	0	0
주차비	(별도금액부과) (-)	1,380,000	1,380,000	0	60	1,822
세대수도료	(조견표적용) (수도)	25,877,980	25,878,410	430	0	0
세대난방비	(조견표적용) (임대료)	12,791,120	12,789,880	-1,240	0	0
기본난방비	(평당단가) (분양평형)	10,576,360	10,577,620	1,260	1,882	0
공동난방비	(평당단가) (분양평형)	0	0	0	0	0
세대급탕비	(조견표적용) (임대료)	38,301,540	38,301,540	0	0	0
공동수도료	(평당단가) (분양평형)	2,642,640	2,640,920	-1,720	1,882	0
관리비합계 (가수금 차감전)		438,027,258	438,028,620	1,362		
가수금	(사용안함)(-)	-668,790	-668,790	0	0	0
관리비합계 (가수금 차감후)		437,358,468	437,359,830	1,362		

1) 부과 차익과 부과 차손

발생된 관리비를 세대 면적별로 배분하여 부과하다 보면, 필연적으로 관리비 항목별 발생금액과 부과 금액 사이에 차액이 발생되기 마련인데 이러한 금액을 부과 차익 또는 부과 차손이라고 한다. 부과 차액은 최대한 금액을 적게 발생되게 부과하여야 한다.

(1) 부과 차익

(예시) 승강기 유지비 부과시에 부과 차익

평형	부과세대	면제세대	세대단가	부과금액
66.2200	1	0	18,650	18,650
99.4400	1	0	28,010	28,010
104.6000	1	0	29,460	29,460
124.1700	1	0	34,970	34,970
125.8200	1	0	35,440	35,440
132.1000	1	0	37,200	37,200
134.0200	8	0	37,750	302,000
141.9800	4	0	39,990	159,960
148.8900	1	0	41,930	41,930

일반관리비 / 부과방법: 평당단가(분양평형) / 총면적: 2,441.3200 / 발생총금액: 687,580 / 단가: 281.64 / 부과총액: 687,620 / 부과차액: 40 / 부과금액단위: 원단위(반올림) / 총면제세대: 0

(2) 부과 차손

(예시) 승강기 유지비 부과시에 부과 차손

평형	부과세대	면제세대	세대단가	부과금액
66.2200	1	0	6,060	6,060
99.4400	1	0	9,100	9,100
104.6000	1	0	9,570	9,570
124.1700	1	0	11,360	11,360
125.8200	1	0	11,510	11,510
132.1000	1	0	12,090	12,090
134.0200	8	4	12,260	49,040
141.9800	4	2	12,990	25,980
148.8900	1	0	13,620	13,620

승강기전기 / 부과방법: 평당단가(분양평형) / 총면적: 2,441.3200 / 발생총금액: 148,340 / 단가: 91.50 / 부과총액: 148,330 / 부과차액: -10 / 부과금액단위: 원단위(반올림) / 총면제세대: 6

2. 관리비 고지서

회계전산 프로그램에 의하여 관리비 부과를 완료하면 전산시스템에 의하여 관리비 고지서를 인쇄하여 관리사무소로 발송된다. 관리사무소는 고지서를 각 세대 우편함에 넣음으로써 고지서 배부를 완료한다.

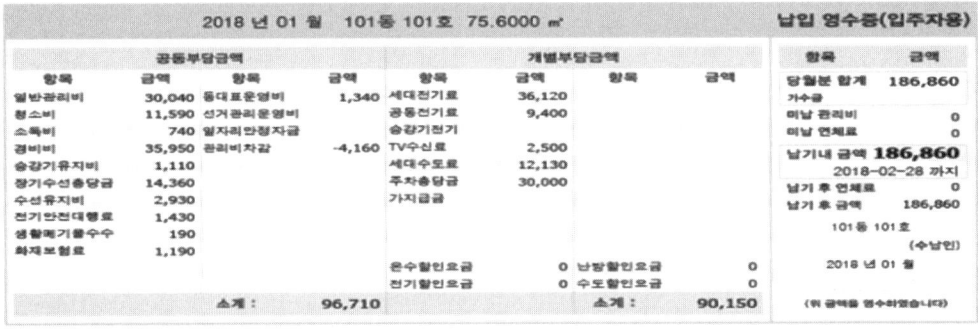

3. 관리비 수납

대개 관리비는 해당 월에 발생된 관리비를 다음 달에 부과하여 다음 달 말일까지를 납부기한으로 하여 수납한다. 납부기한까지 납부하지 않아 연체된 관리비는 관리규약에서 정한 연체요율에 따라 연체료가 발생한다. 연체된 관리비를 수납할 때, 우선 순위는 연체가 오래된 관리비를 우선 수납 처리하되, 그 오래된 관리비의 연체이자가 더 우선 순위로 수납 처리해야 한다.

개나리아파트
수납 처리/취소   Home > 수납 > 월별 작업 > 수납 처리/취소

세대별 ▼	101 동	602 호	□연체료 면제	구분	□수납취소 □자동이체 대상	조회

수납 처리 상세

작업구분	일반(지로) ▼ 원금우선 ▼	납기기한	2018-02-26 납기내 ▼
수납일자	2018-02-21	수납기관	우리은행 ▼
수납세대	3 건	수납금액	544,750 × 원

수납처리

☑ 전체	동	호	부과년월	부과원금	가수금	미납연체료	납기후연체료	수납할금액	실수납액	수납일자	수납기관	처리결과	입주자
☑	101	602	2018-01	247,550	0	24,760	4,950	277,260	272,310			미납	김정숙
☑	101	602	2017-12	238,890	0	28,670	4,780	272,340	267,560			미납	김정숙
☑	101	602	2017-11	0	0	4,880	0	4,880	4,880			미납	김정숙

전체개수 : 3   1   0/1 Page

제7장 관리비 부과 및 수납

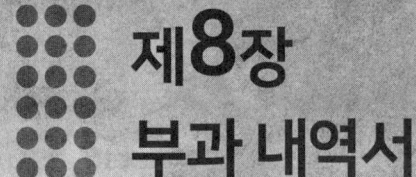

제8장
부과 내역서

관리비를 세대별로 부과 하면, 관리비고지서와 함께 부과내역서를 각 세대에 배부하거나 주민들이 열람하거나 수령하기에 용이한 장소에 다량 비치하여야 한다. 부과내역서는 대개 표지, 공지사항, 관리비 부과 총괄표, 관리비 항목별 산출내역 순으로 구성된다.

1. 관리비 부과 총괄표

부과 총괄표는 대개 전월 발생액, 당월 발생액, 부과차익, 면적별 부과금액으로 구성한다.

2018년 1월분 관리비 부과 총괄표

사용기간 : 2018년 1월 1일 ~ 1월 31일까지

(관리㎡ : 20,371.79)

항목 \ 구분	전월발생금액 2017년 12월 (A)	당월발생금액 2018년 1월 (B)	㎡단가	세대별 부과액 75.60	세대별 부과액 101.15	부과금액	부과차액	전월대비 증감액 (B-A)
일 반 관 리 비	7,770,228	8,095,821	397.41	30,040	40,200	8,095,680	-141	325,593
청 소 비	2,830,361	3,123,000	107	11,590	15,510	3,123,480	480	292,639
음식물처리비용	50,000	50,000		190	250	50,480	480	0
소 독 비	200,000	200,000	9.82	740	990	199,380	-620	0
화 재 보 험 료	321,230	321,230	15.77	1,190	1,600	320,280	-950	0
승 강 기 유 지 비	300,000	300,000	14.73	1,110	1,490	299,920	-80	0
수 선 유 지 비	790,000	790,000	38.78	2,930	3,930	791,160	1,160	0
장기수선충당금	3,870,520	3,870,520	190.00	14,360	19,220	3,870,520	0	0
동 대 표 출 석 수 당	400,000	361,000	17.72	1,340	1,790	360,580	-420	-39,000
경 비 비	9,447,430	9,686,680	475.50	35,950	48,100	9,686,900	220	239,250
전기안전대행수수료	385,000	385,000	18.90	1,430	1,910	384,760	-240	0
선 거 관 리 운 영 비			4.42	330	450	-		0
전기 / 세대전기료	6,199,310	6,710,370				6,710,370	0	511,060
전기 / 공동전기료	2,195,060	2,530,970	124.24	9,400	12,570	2,531,700	730	335,910
전기 / T.V 수신료	505,000	505,000	세대당 2,500 라인별 부과			505,000	0	0
전기 / 승강기전기료	452,570	429,360				429,360	0	-23,210
전기 / 통신업체전기	100,000	100,000				100,000	0	0
전기 / 소 계	9,451,940	10,275,700		9,400	12,570	10,276,430		823,760
수 도 료	2,594,030	2,868,040				2,868,040		274,010
주 차 비 수 입	2,035,000	2,110,000				2,110,000		75,000
관리비차감적립금	- 1,120,340	- 1,120,340				- 1,119,920	420	0
합 계	39,325,399	41,316,651		110,270	147,560	41,317,690	1,039	1,991,252

46 2부 공동주택과 빌딩의 관리비 부과 실습

2018년 1월분

관리비 부과내역서

♣ 사용기간 : 2018년 1월 1일 ~ 12. 31까지
　　　　　(전기료 : 2017년 11월 18일 ~ 2017년 12월 17일까지)
　　　　　(수도료 : 2017년 12월 3일 ~ 2018년 1월 2일까지)
♣ 납부기한 : 2018년 2월 28일까지
♣ 관리비 납부장소
　　　　1. 우리은행 가산지점 (☎ 123-4567)
　　　　　　계좌번호 : 123-456-789
　　　　2. 농　　협 가산지점 (☎ 123-4567)
　　　　　　계좌번호 : 123-456-789
　　　　3. 국민은행 가산지점 (☎ 123-456)
　　　　　　계좌번호 : 123-456-789

※ 무통장 입금을 하실때는 동 . 호수를 반드시 기재하여 주시기 바랍니다.
　　(미기재시 미납상태로 처리되오니 유념하시기 바랍니다.)
※ **주민 여러분께서는 관리비 납부 편의를 위하여 (우리은행,농협,국민은행) 관리비 자동이체 신청을 하시기 바랍니다.**
※ 납부기한이 지나면 연체료가 부과되오니 기간내에 납부하여 주시기 바랍니다.

연체료개월수	1	2	3	4	5	6	7	8	9	10	11	12	13
연체요율(%)						12							15

2. 관리비 항목별 내역서

부과내역서의 주요 구성 항목으로서, 관리비 항목별로 관리비 발생금액을 표시하고, 그에 따른 세대별 부과 금액이 어떤 근거로 산출되었는지에 대하여 나타낸 내역서를 항목별 산출내역서라고 한다.

1. 일반관리비

 가. 산출내역 (2018년 1월 1일 ~ 1월 31일)

항	목	금 액	산 출 근 거
인 건 비	급 여	4,285,289	직원 2명 (본봉+야간연장근로시간 포함)
	제 수 당	1,133,153	주택관리, 회계수당, 보전수당등
	상여충당금	88,550	상여지급을 위한 적립금
	검침수당	88,160	검침수당
	년차충당금	345,310	
	퇴직충당금	442,952	
	소 계	6,383,414	
복 리 후 생 비	국민연금	227,730	국민연금 주민부담금 4.5%
	건강보험료	175,420	국민건강보험 주민부담금 3.12%,장기요양보험료7.38%
	고용보험료	45,930	고용보험
	산재보험료	94,770	산재보험
	기 타	200,000	2명 × 100,000 (식대)
	소 계	743,850	
통 신 비		38,627	전화요금
교 통 비		20,000	비상출동수당
도서인쇄비		90,000	고지서및부과내역서인쇄
소 모 품 비		51,850	가스토치,무선주전자,출입문스티커구입등
사 무 용 품 비		353,620	복사기임대료,책철,다이어리,드릴등구입
지 급 수 수 료		223,520	위탁관리수수료
잡 비		89,100	정수기렌탈료,음식물카드꽂이판,종이컵등구입
회계대행료		190,000	회계대행수수료
우 편 료		-	
교육훈련비			
소 계		1,056,717	
합 계		8,095,821	

1. 일반관리비

나. 평당단가 :　　　　　8,095,821 원　÷　20,371.79 m²　=　397.41 원/m2

다. 평형별 부과금액

평 형	m²	평당단가	m²단가	세대부과액	세대수	부과금액	비 고
22.87	75.60	1,314	397.41	30,040	42	1,261,680	
30.59	101.15	1,314	397.41	40,200	170	6,834,000	
합 계					212	8,095,680	-141

2. 청소비

가. 산출기간 : 2018년 1월 1일 ~ 1월 31일

나. 산출내역 : ① 청소업체 : 삼성환경 (용역금액 : 월 용역비 2,830,361원)
　　　　　　② 계약기간 : 2017년 5월 1일 ~ 2019년 4월 30일

다. 평당단가 :　　　　　3,123,000 원　÷　20,371.79 m²　=　153 원/m2

라. 평형별 부과금액

평 형	m²	평당단가	m²단가	세대부과액	세대수	부과금액	비 고
22.87	75.60	507	153	11,590	42	486,780	
30.59	101.15	507	153	15,510	170	2,636,700	
합 계					212	3,123,480	480

3. 소독비

가. 산출기간 : 2018년 1월 1일 ~ 1월 31일

나. 산출내역 : ① 소독업체 : (주) 하나환경[용역 금액 : 월 용역비 200,000원]
　　　　　　② 계약기간 : 2017년 4월 1일 ~ 2018년 3월 31일

다. 평당단가 :　　　　　200,000 원　÷　20,371.79 m²　=　9.82 원/m2

라. 평형별 부과금액

평 형	m²	평당단가	m²단가	세대부과액	세대수	부과금액	비 고
22.87	75.60	32	9.82	740	42	31,080	
30.59	101.15	32	9.82	990	170	168,300	
합 계					212	199,380	-620

4. 보 험료

가. 산출기간 : 2018년 1월 1일 ~ 1월 31일

나. 산출내역 : ① 화재보험료 : 동부화재[6,736,900/36개월 = 187,130원/월
　　　　　　② 업무배상보험 : 동부화재[1,609,200/12개월 = 134,100원/월

다. 보험기간 : ① 화재보험료 : 2017년 5월 25일 ~ 2020년 5월 24일까지 - 3년계약

라. 평당단가 :　　　　　321,230 원　÷　20,371.79 m²　=　15.77 원/m2

마. 평형별 부과금액

평 형	m²	평당단가	m²단가	세대부과액	세대수	부과금액	비 고
22.87	75.60	52	15.77	1,190	42	49,980	
30.59	101.15	52	15.77	1,590	170	270,300	
합 계					212	320,280	-950

5. 대표회의 출석수당

가. 산출기간 : 2018년 1월 1일 ~ 1월 31일
나. 평당단가 : 361,000 원 ÷ 20,371.79 m² = 17.72 원/m²
다. 평형별 부과금액

평형	m²	평당단가	m²단가	세대부과액	세대수	부과금액	비 고
22.87	75.60	59	17.72	1,340	42	56,280	
30.59	101.15	59	17.72	1,790	170	304,300	
합 계					212	360,580	-420

6. 음식물처리비용

가. 산출기간 : 2018년 1월 1일 ~ 1월 31일
나. 산출내역 : 하남시 조례에 의하여 세대당 부과
다. 평형별 부과금액

평형	m²	세대부과액	세대수	부과금액	비 고
22.87	75.60	190	42	7,980	
30.59	101.15	250	170	42,500	
합 계			212	50,480	480

7. 승강기유지비

가. 산출기간 : 2018년 1월 1일 ~ 1월 31일
나. 산출내역 : ① 보수업체 : 한국승강기A/S센타[용역금액 1대당 60,000원 × 5대 = 300,000원 (부가세 포함)]
② 계약기간 : 2017. 9. 1. ~ 2019. 8. 31.
다. 평당단가 : 300,000 원 ÷ 20,371.79 m² = 14.73 원/m²
라. 평형별 부과금액

평형	m²	평당단가	m²단가	세대부과액	세대수	부과금액	비 고
22.87	75.60	49	14.73	1,110	42	46,620	
30.59	101.15	49	14.73	1,490	170	253,300	
합 계					212	299,920	-80

8. 수선유지비

가. 산출기간 : 2018년 1월 1일 ~ 1월 31일
나. 산출내역 :

구 분	년간 소요비용	월소요비용	비 고
물 탱 크 청 소 비	700,000	58,340	년2회실시
수 질 검 사 비	60,000	5,000	년1회실시
안 전 점 밀 점 검 비 용	990,000	27,500	건축물(3년1회)
소 방 점 검 비	2,280,000	190,000	소방법에 의거(매월)
승 강 기 작 동 기 능 점 검	870,000	72,230	승강기 제조사 관리에 관한법 의거
전 기 설 비 안 전 검 사 비	900,000	25,000	전기시설,3년마다1회실시
놀 이 터 검 사 비	339,300	14,140	2년마다1회실시
수 선 비		397,790	안정기,지하주차장페등
합 계	6,139,300	790,000	

*수선비는 매월 수선충당금사용액에서 시설유지비를 공제한 금액임

다. 평당단가 : 790,000 원 ÷ 20,371.79 m² = 38.78 원/m²

평형	m²	평당단가	m²단가	세대부과액	세대수	부과금액	비 고
22.87	75.60	128	38.78	2,930	42	123,060	
30.59	101.15	128	38.78	3,930	170	668,100	
합 계					212	791,160	1,160

9. 장기수선충당금

가. 산출기간 : 2018년 1월 1일 ~ 1월 31일
다. 평당단가 :　　　　3,870,520 원　÷　20,371.79 m²　=　190.00 원/m2
라. 평형별 부과금액

평형	m²	평당단가	m²단가	세대부과금액	세대수	부과금액	비고
22.87	75.60	392	190.00	14,360	42	603,120	
30.59	101.15	392	190.00	19,220	170	3,267,400	
합 계					212	3,870,520	0

10. 경비비

가. 산출기간 : 2018년 1월 1일 ~ 1월 31일
나. 산출내역 : ① 경비업체 : (주) 창우종합관리 (용역금액 : 월 용역비 9,477,430원)
　　　　　　② 계약기간 : 2017년 3월 1일 ~ 2019년 2월 28일
다. 평당단가 :　　　　9,686,680 원　÷　20,371.79 m²　=　475.50 원/m2
라. 평형별 부과금액

평형	m²	평당단가	m²단가	세대부과금액	세대수	부과금액	비고
22.87	75.60	1,572	475.50	35,950	42	1,509,900	
30.59	101.15	1,572	475.50	48,100	170	8,177,000	
합 계					212	9,686,900	220

11. 전기안전대행수수료

가. 산출기간 : 2018년 1월 1일 ~ 1월 31일
나. 산출내역 : ① 업체 : 이지전기통신 (용역금액 : 월 용역비 385,000원)
　　　　　　② 계약기간 : 2017년 12월 1일 ~ 2019년 11월 30일
다. 평당단가 :　　　　385,000 원　÷　20,371.79 m²　=　18.90 원/m2
라. 평형별 부과금액

평형	m²	평당단가	m²단가	세대부과금액	세대수	부과금액	비고
22.87	75.60	62	18.90	1,430	42	60,060	
30.59	101.15	62	18.90	1,910	170	324,700	
합 계					212	384,760	-240

12. 선거관리운영비

가. 산출기간 : 2018년 1월 1일 ~ 1월 31일
다. 평당단가 :　　　　　　원　÷　20,371.79 m²　=　0.00 원/m2
라. 평형별 부과금액

평형	m²	평당단가	m²단가	세대부과금액	세대수	부과금액	비고
22.87	75.60	0	0.00	0	42	0	
30.59	101.15	0	0.00	0	170	0	
합 계					212	0	0

13. 전기료

가) 산출기간 : 2017년 12월 18일 ~ 2018년 1월 17일까지

나. 전기사용량(한전 고지금액)

구 분	사 용 량	금 액	비 고
주 택 용	76,611 kwh	9,838,500	T.V 수신료 포함
산 업 용 (갑) 고 압 A	2,328 kwh	397,980	
가 로 등 (을)	186 kwh	39,220	
합 계	79,125 kwh	10,275,700	

다. 산출내역

구 분		사용량	금 액	비 고
세 대 전 기 료		59,754	6,710,370	한전 조견표 적용
TV 수 신 료		1세대당 2,500원 2,500×202세대	505,000	세대전기사용량 50kwh 이상시 부과
승 강 기 전 기 료		2,333	429,360	승강기 사용 전기료
SK 브로드밴드 전기료		164	60,000	인터넷 장비 전기료
파 워 콤		75	40,000	인터넷 장비 전기료
소 계		62,326	7,744,730	
공 동 전 기 료	산 업 용	2,328	397,980	급수시설
	가 로 등	179	39,220	가로등
	일 반 공 동	12,104	2,093,770	지하주차장, 계단, 관리등, 기관실, 전기실, 노인정, 경비실 등
	소 계	14,611	2,530,970	
합 계		76,937	10,275,700	

라. 공동전기료

가) 산출기간 : 2017년 12월 18일 ~ 2018년 1월 17일까지
2) 산출내역 : 산업용 + 가로등 + 일반공동전기료 = 2,530,970 원
3) 평당단가 : 2,530,970 원 ÷ 20,371.79 m² = 124.24 원/m2
4) 평형별 부과금액

평형	m²	평당단가	m²단가	세대부과금액	세대수	부과금액	비 고
22.87	75.60	411	124.24	9,400	42	394,800	
30.59	101.15	411	124.24	12,570	170	2,136,900	
합 계					212	2,531,700	730

마. 승강기 전기료 (2층 사용세대 부과)

가) 산출기간 : 2017년 12월 18일 ~ 2018년 1월 17일까지   단가 : 184.00원

동	전월지침	금월지침	사용량	세대수	세대당금액	부과금액	비
1동 1~2호	98,280	98,762	482	40	2,220	88,800	
1동 3~4호	1,588	2,030	442	38	2,140	81,320	
1동 5~6호	3,734	4,195	461	40	2,120	84,800	
2동 1~2호	4,357	4,868	511	42	2,240	94,080	
2동 3~4호	1,634	2,071	437	41	1,960	80,360	
			2,333			429,360	0

14. 수도료

가. 산출기간 : 2017년 11월 3일 ~ 2018년 1월 2일

나. 산출내역 :

구 분	사 용 량	금 액	비 고
수 도 료	3,783	2,868,040	세대사용량에 따른 단가계산

15. 주차충당금

가. 산출기간 : 2018년 1월 1일 ~ 1월 31일

나. 산출내역 : **주차요금은 일자 계산 됩니다.**

2차량 :	61세대	X	30,000	=	1,830,000 원
3차량 :	4세대	X	70,000	=	280,000 원
4차량 :	세대	X	-	=	0 원
	총부과				2,110,000 원

16. 충당금 명세서   1월 31일 현재

단위 : 원

내 용	금 액	비 고
장 기 수 선 충 당 금	194,579,618	
연 차 충 당 금	957,654	
연 차 충 당 금 (미화)	787,016	
퇴 직 충 당 금	14,085,626	
퇴 직 충 당 금 (경비)	7,139,220	
퇴 직 충 당 금 (미화)	1,547,800	
수 선 충 당 금	6,917,636	
차 단 기 충 당 금	1,075,000	
합 계	227,089,570	

17. 잡수입 현황   1월 31일 현재

	당월발생금액	금 액	비 고
연 체 수 입	21,850	21,850	
잡 수 입	3,215,636	3,215,636	
이 자 수 입		0	
검 침 수 입	88,160	88,160	
주 차 비 수 입	2,080,000	2,080,000	
합 계	5,405,646	5,405,646	

18. 예금 현황   1월 31일 현재

내 용	금 액	비 고
국 민 은 행	70,594,102	보통예금
우 리 은 행	9,190,907	"
농 협	18,038,944	"
관 리 비 합 계	97,823,953	
농 협	102,000,000	장기수선충당금 예탁금
기 업		장기수선충당금 예탁금
농 협	1,189,065	장기수선충당금 예탁금
농 협	58,890,040	장기수선충당예탁금(보전도)
농 협	28,629,737	장기수선충당여잡금(시설채돌금)
장기수선충당예치금합계	190,708,842	

19. 대표회의 출석수당 집행내역   1월 31일 현재

월	일	내 역	입 금	출 금	잔 액
1		1월 이월잔액			0
	10	출석수당 입금	200,000		200,000
		출석수당 지급		200,000	0

20. 예비비사용내역   1월 31일 현재

월	일	내 역	금 액	잔 액
1		전월이월금액		11,098,850
합 계				11,098,850

21. 관리비차감적립금   1월 31일 현재

월	일	내 역	금 액	잔 액
1				1,120,412
		1월분 차감부과액	1,120,340	
합 계				72

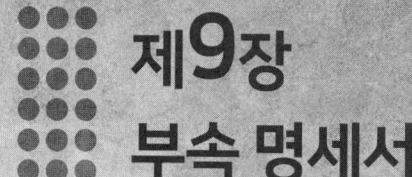
제9장
부속 명세서

1. 부속 명세서의 이해

재무상태표, 운영보고서 등의 재무제표의 내용을 보충하여 관리업무, 재무상황을 상세히 내역과 내역의 변동 상황을 밝히기 위하여 작성되는 중요서류를 부속명세서라고 한다.

2. 부속 명세서의 구성 항목

부속 명세서는 현금, 제예금, 미수관리비, 선급비용, 가지급, 가수금, 저장품, 장기수선충당예치금, 집기비품과 감가상각누계액, 공구기구와 감가상각누계액, 관리비 출연금, 장기수선충당금, 이월이익잉여금 등으로 항목을 구성한다.

3. 부속 명세서의 작성

부속명세서의 각 항목은 전월 잔액, 당월 발생, 당월 입금, 당월 잔액 등으로 구분하여 내용을 작성한다.

(예시) 부속명세서

부 속 명 세 서

2018년 01월 31일 현재

1. 현금 : 153,614 원

2. 제예금　　　　　　　　　　　　　　　　　　　　　　　2018년 01월 31일 현재

예금종류	금융기관	금　액	계좌번호
보통예금	국민은행	70,594,102	226201-04-1234567
	우리은행	9,190,907	671-295261-1010
	농협	18,038,944	221098-55-0005050
제예금 합계		97,823,953	
장기수선충당예치금	농협(장충)	1,189,321	221098-55-001234
	농협(보험료)	58,890,040	
	농협(시지원금)	28,629,737	355-0035-1234
	농협(장충)	102,000,000	353-8863-1234
장기수선충당예치금 합계		190,709,098	

3. 관리비 예치금　　　　　　　　　　　　　　　　　　　2018년 01월 31일 현재

평　형	평당금액	세대당금액	세대수	금　액
22	7,000	154,000	42	6,468,000
30		210,000	170	35,700,000
합				42,168,000

4. 관리비 미수금

구　분	미납액	비　고
미수관리비	3,653,090	
미부과관리비	41,316,651	
합 계	44,969,741	

5. 선급비용

내　용	총발생금액	전월잔액	당월증가	당월감소	잔　액
산재보험료	1,159,370	189,370	-	189,370	
화재보험	-	5,239,860		187,130	5,052,730
영업배상 책임보험		536,400	-	134,100	402,300
합 계	1,159,370	5,965,630	-	510,600	5,455,030

6. 가지급금

내 용	전월잔액	당월증가	당월감소	잔 액	비 고
수도계량기 구입	225,400	-		225,400	
베란다 배수구카바	9,800			9,800	
장기수선충당사용액	7,700,000	7,700,000	7,700,000		1,4호 승강기 인버터교체
합 계	7,935,200	-	-	235,200	

7. 공기구 집기비품 및 감가상각 충당금 명세

구 분	취득금액	전월상각액누계	당월상각액	미상각액	당월상각액누계
공기구비품	1,524,800	1,524,800	-	-	1,524,800
집기비품	8,894,600	8,894,600		-	8,894,600
합 계	10,419,400	10,419,400	-	-	10,419,400

8. 미지급비용

구 분	전월잔액	당월감소	당월증가	잔 액
청소비	2,830,361	2,830,361	3,123,000	3,123,000
승강기유지비	300,000	300,000	300,000	300,000
소독비	200,000	200,000	200,000	200,000
음식물처리비용	395,570	44,480	50,000	401,090
위탁수수료	223,520	223,520	223,520	223,520
전기료	9,451,940	9,451,940	10,275,700	10,275,700
수도료	5,283,250	5,283,250	2,868,040	2,868,040
경비비	8,542,890	8,542,890	9,686,680	9,686,680
전기안전대행수수료	385,000	385,000	385,000	385,000
고지서인쇄비	90,000	90,000	90,000	90,000
회계대행료	190,000	190,000	190,000	190,000
급료	73,640			73,640
합 계	27,966,171	27,541,441	27,391,940	27,816,670

9. 예수금

구 분	전월잔액	당월감소	당월증가	잔 액
소득세	1,148,290	197,890	113,550	1,063,950
주민세	322,600		11,340	333,940
건강보험	670,680	341,400	356,920	686,200
국민연금	59,200	455,460	439,880	43,620
고용보험	70,467	80,890	81,140	70,717
산재보험	195,030	86,670	94,770	203,130
합 계	2,466,267	1,162,310	1,097,600	2,401,557

10. 가수금

구 분	전월잔액	당월감소	당월증가	잔 액
파워콤(999-102호)	40,000	40,000		
송달료	30,200			30,200
검침수입	88,160			88,160
101-1906호 이중수납		211,340	211,340	
101-1504호 이중수납		124,530		124,530
101-406호	91,940	91,940		
2-1903호 이중수납	-		180,950	180,950
1-202호 초과수납		4,970	210	4,760
합 계	250,300	472,780	392,500	170,020

11. 상여충당금

월별	전월잔액	충당금	지급액	잔액	비고
이월	-12,500			-12,500	
1월분		88,550		76,050	
2월분					
3월분					
4월분					
5월분					
6월분					

12. 연차충당금

월별	전월잔액	충당금	지급액	잔액	비고
이월	660,874			660,874	
1월분		345,310		1,006,184	
2월분					
3월분					
4월분					
5월분					
6월분					

13. 연차충당금(미화)

월별	전월잔액	충당금	지급액	잔액	비고
이월	688,639				
6월분		98,377		98,377	
7월분					
8월분					
9월분					
10월분					
11월분					
12월분					

14. 퇴직충당금

월별	전월잔액	충당금	지급액	잔액	비고
이월	13,535,242			13,535,242	
1월분		442,952		13,978,194	
2월분					
3월분					
4월분					
5월분					
6월분					

15. 퇴직충당금(경비)

월별	전월잔액	충당금	지급액	잔액	비고
이월	6,490,200			6,490,200	
1월분				6,490,200	
3월분		649,020		7,139,220	
4월분					
5월분					
6월분					

16. 퇴직충당금(미화)

월별	전월잔액	충당금	지급액	잔액	비고
이월	1,354,325			1,354,325	
1월분				1,354,325	
6월분		193,475		1,547,800	

17. 장기수선충당금

월별	전월잔액	충당금	지급액	잔액	비고
이월	198,409,098			198,409,098	
1월분		3,870,520	7,700,000	194,579,618	
2월분					
3월분					
4월분					
5월분					
6월분					

18. 차단기충당금

월별	전월잔액	충당금	지급액	잔액	비고
이월	1,065,000			1,065,000	
1월분		10,000		1,075,000	
3월분					
4월분					
5월분					

19. 수선충당금

월별	전월잔액	충당금	지급액	잔액	비고
이월	7,362,606			7,362,606	
1월분		790,000	1,234,970	6,917,636	
2월분					
3월분					
4월분					
5월분					
6월분					

20. 관리외수익

과목	전월누계	당월증가	잔액	비고
연체료수입		21,850	21,850	
이자수익		−	−	
주차비수입		2,110,000	2,110,000	
검침수익		88,160	88,160	
잡수익		3,215,636	3,215,636	
합계		5,435,646	5,435,646	

21. 예비비

과목	증가액	사용액	잔액	비고
이월			11,098,850	전기이월
1월분			11,098,850	
2월분				
3월분				
4월분				
5월분				
6월분				

22. 관리비차감적립금

과목	증가액	사용액	잔액	비고
이월			1,120,412	전기이월
1월분		1,120,340	72	
2월분				
3월분				
4월분				
5월분				
6월분				

제10장
관리비 조정 명세서

1. 조정 명세서의 이해

관리비를 부과한 후에는 관리단지의 세대별 및 관리비 부과 항목별 총괄 세부 내역서가 필요하게 되는데, 이러한 총괄 세부 명세서를 관리비 조정 명세서라고 한다.

2. 조정 명세서의 구성

관리비 조정 명세서는 각 세대 호수별로 관리비 항목이 구분 되어 있다. 관리비 항목은 크게 공유 부문 관리비 항목과 세대 사용량 부문 관리비 항목으로 대별 된다. 이러한 세대별 관리비 항목은 각 세대의 미납금액을 포함하여 각 동별로 합산되고, 단지내 동별 합산금액을 합하여 단지 전체의 관리비 부과 총합계금액 항목으로 구성된다.

3. 조정 명세서 예시

아셈

2018년 01월분 세대 관리비 조정 명세서

구분	합계		공유 부문				세대 부문				세대 사용량			비고
동 호 수	당월원금	가수금	일반관리비	청소비	승강기유지비	수선유지비	세대전기료	공동전기료	승강기전기	TV수신료	전기 전월지침	전기 당월지침	전기 사용량	
세대 면적	미납금액	당월금액	경비보안비	정화조오물수수료			승강기사용료				수도 전월지침	수도 당월지침	수도 사용량	
	미납연체료	납기내 금액									온수 전월지침	온수 당월지침	온수 사용량	
	연체료	납기후 금액									난방 전월지침	난방 당월지침	난방 사용량	
						합계				합계				
101-101	227,850	-100,940	40,090	29,080	23,260	15,430	74,120	21,510		2,500	27,026	27,433	407	
141,9800		126,910	20,000	1,860										
		126,910												
	2,540	129,450												
						129,720				98,130				
101-102	207,520		37,840	27,450	21,960	14,560	61,150	20,300		2,500	11,716	12,097	381	
134,0200		207,520	20,000	1,760										
		207,520												
	4,150	211,670												
						123,570				83,950				
101-103	184,440		37,840	27,450	21,960	14,560	38,070	20,300		2,500	13,925	14,197	272	
134,0200		184,440	20,000	1,760										
		184,440												
	3,690	188,130												
						123,570				60,870				
101-201	226,650		40,090	29,080	23,260	15,430	72,920	21,510		2,500	25,955	26,416	461	
141,9800		226,650	20,000	1,860										
		226,650												
	4,530	231,180												
						129,720				96,930				
101-202	198,010		37,840	27,450	21,960	14,560	51,640	20,300		2,500	11,769	12,105	336	
134,0200		198,010	20,000	1,760										
		198,010												
	3,960	201,970												
						123,570				74,440				

구분	합계		공유 부문				세대 부문				세대 사용량			비고
동 호 수	당월원금	가수금	일반관리비	청소비	승강기유지비	수선유지비	세대전기료	공동전기료	승강기전기	TV수신료	전기 전월지침	전기 당월지침	전기 사용량	
세대 면적	미납금액	당월금액	경비보안비	정화조오물수수료			승강기사용료				수도 전월지침	수도 당월지침	수도 사용량	
	미납연체료	납기내 금액									온수 전월지침	온수 당월지침	온수 사용량	
	연체료	납기후 금액									난방 전월지침	난방 당월지침	난방 사용량	
						합계				합계				
101-603	176,270		35,520	25,770	20,620	13,670	25,180	19,060	12,300	2,500	10,342	10,604	262	
125,8200		176,270	20,000	1,650										
		176,270												
	3,530	179,800												
						117,230				59,040				
101-701	107,080		18,700	13,560	10,850	7,200	16,900	10,030	6,470	2,500	13,310	13,504	194	
66,2200		107,080	20,000	870										
		107,080												
	2,140	109,220												
						71,180				35,900				
동계	3,758,330	-100,940	689,310	500,020	400,000	265,270	918,390	369,820	158,500	45,000	331,250	337,447	6,197	
	2,037,770	3,657,390	380,000	32,020	0	0	0	0	0	0	0	0	0	
	218,010	5,913,170	0	0	0	0	0	0	0	0	0	0	0	
	113,940	6,027,110	0	0	0	0	0	0	0	0	0	0	0	
						2,266,620				1,491,710				
총계	3,758,330	-100,940	689,310	500,020	400,000	265,270	918,390	369,820	158,500	45,000	331,250	337,447	6,197	
	2,037,770	3,657,390	380,000	32,020	0	0	0	0	0	0	0	0	0	
	218,010	5,913,170	0	0	0	0	0	0	0	0	0	0	0	
	113,940	6,027,110	0	0	0	0	0	0	0	0	0	0	0	
						2,266,620				1,491,710				

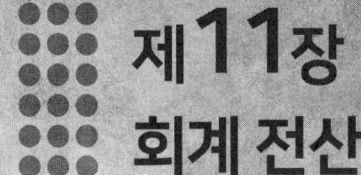

제11장 회계 전산

1. 회계 프로그램

　세대별로 관리비를 부과 하면, 해당 관리비를 수납하게 된다. 납부기한이 지난 관리비는 연체요율에 따라 관리비 연체금을 포함하여 수납해야 한다. 이런 업무 절차를 수기로 하기에는 엄청난 시간과 에너지가 소비되며, 정확도도 떨어진다. 세대의 전기 사용량에 따라 전기료를 계산하고 저장하는 데이터도 방대하므로 이러한 업무의 전산화는 필수적이다. 또한 관리업무에 따른 전표 등록과 총계정원장 등 재무제표도 전산화된 프로그램에 의해 현재 관리사무소의 업무가 진행되고 있는게 현실이다. 회계 프로그램은 예전에는 각 단지별로 전산 프로그램을 보유하였지만 요즈음은 ERP시스템에 의한 회계프로그램을 각 단지 관리사무소에서 사용하고 있다.

> ERP 시스템이란 IT분야의 데이터 전체 통합 시스템으로서 회계 분야와 전기, 수도 검침분야 등이 하나의 통합된 시스템으로서 하나의 데이터가 전체 분야에 즉시 반영되어 나타나는 시스템을 말한다.

2. 회계 전산 사용 요령

1) 검침 화면

동	호	전월지침	당월지침	사용량	공용사용량	전월증감	기초액	복지할인	자동이체	부가세	전력기금	사용료	TV수신료	합계	월수사용량공제
101	101	27026	27433	407	0	119	65,504	0	-310	6,519	2,410	74,120	2,500	76,620	0
101	102	11716	12097	381	0	30	54,269	0	-479	5,379	1,990	61,150	2,500	63,650	0
101	103	13925	14197	272	0	22	33,788	0	-292	3,350	1,230	38,070	2,500	40,570	0
101	201	25955	26416	461	0	45	80,656	-16,000	-516	6,414	2,370	72,920	2,500	75,420	0
101	202	11769	12105	336	0	31	45,814	0	-396	4,542	1,680	51,640	2,500	54,140	0
101	203	24611	25117	506	0	49	93,283	0	-787	9,250	3,420	105,160	2,500	107,660	0
101	301	10347	10527	180	0	10	13,704	0	-126	1,358	500	15,430	2,500	17,930	-4,000
101	302	18257	18626	369	0	16	52,015	0	-485	5,153	1,900	58,580	2,500	61,080	0
101	303	18981	19415	434	0	107	73,080	0	-436	7,264	2,680	82,580	2,500	85,080	0
101	401	17570	17792	222	0	49	24,393	-3,659	-109	2,063	760	23,440	2,500	25,940	0
101	402	14597	14997	400	0	36	57,840	0	-506	5,733	2,120	65,180	2,500	67,680	0
101	403	24920	25275	355	0	65	49,384	-7,408	-312	4,166	1,540	47,370	2,500	49,870	0
101	501	19532	19841	309	0	21	40,741	-6,111	-364	3,427	1,260	38,950	2,500	41,450	0
101	502	15868	16080	212	0	-8	22,514	-3,377	-203	1,893	700	21,520	2,500	24,020	0
101	503	16986	17265	279	0	28	35,104	0	-293	3,481	1,280	39,570	2,500	42,070	0
101	601	15650	15864	214	0	3	22,890	-16,000	-62	683	250	7,760	0	7,760	0
101	602	19888	20292	404	0	6	64,662	0	-567	6,410	2,370	72,870	2,500	75,370	0
합계	19	331250	337447	6197	0	675	876,560	-62,127	-6,556	80,788	29,820	918,390	45,000	963,390	-8,000
전체합계	19	331250	337447	6197	0	675	876,560	-62,127	-6,556	80,788	29,820	918,390	45,000	963,390	-8,000

2) 관리비 총괄 화면

개나리아파트
관리비 합산조회

Home > 부과 > 관리비 부과 > 관리비 합산조회

부과월분: 2018-01

처리상태: 미부과 〉 부과중 〉 부과마감 〉 수납처리중 〉 수납마감

관리비 합산 조회결과   🖨 인쇄

항목명	부과방법	발생총금액	총부과금액	부과차액	부과세대	면제세대
일반관리비	(평당단가)(분양평형)	689,280	689,310	30	19	
청소비	(평당단가)(분양평형)	500,000	500,020	20	19	
승강기유지비	(평당단가)(분양평형)	400,000	400,000		19	
수선유지비	(평당단가)(분양평형)	285,300	285,270	-30	19	
경비보안비	(세대단가)(구분없음)	380,000	380,000		19	
정화조오물수수료	(평당단가)(분양평형)	32,000	32,020	20	19	
세대전기료	(조견표적용)(전기)	913,390	913,390			
공동전기료	(평당단가)(분양평형)	363,850	363,820	-30	19	
승강기전기	(평당단가)(분양평형)	158,510	158,500	-10	13	6
TV수신료	(조견표적용)(전기)	45,000	45,000			
승강기사용료	(별도금액부과)(-)					
관리비합계(가수금 차감전)		3,758,330	3,758,330			
가수금	(사용안함)(-)	-100,940	-100,940		1	
관리비합계(가수금 차감후)		3,657,390	3,657,390			

3) 관리비 부과 화면

개나리아파트
관리비 부과

Home > 부과 > 관리비 부과 > 관리비 부과

부과월분 2018-06 추가

항목명: ☑일반관리비 ☑청소비 ☑승강기유지비 ☑수선유지비 ☑경비보안비 ☑정화조오물수수료 ☑세대전기료 ☑공동전기료 ☑승강기전기 ☑TV수신료 ☐승강기사용료 ☑가수금

일반관리비

부과방법	총면적	발생총금액	단가	부과총액	부과차액	부과금액단위	총면제세대
평당단가(분양평형)	2,441.3200	686,980	281.40	686,940	-40	원단위(반올림)	0

평형	부과세대	면제세대	세대단가	부과금액
66.2200	1	0	18,630	18,630
99.4400	1	0	27,980	27,980
104.6000	1	0	29,430	29,430
124.1700	1	0	34,940	34,940
125.8200	1	0	35,410	35,410
132.1000	1	0	37,170	37,170
134.0200	8	0	37,710	301,680
141.9800	4	0	39,950	159,800
148.8900	1	0	41,900	41,900

4) 관리비 수납 화면

개나리아파트
수납 처리/취소

Home > 수납 > 월별 작업 > 수납 처리/취소

| 세대별 ▽ | 101 동 101 호 □연체료 면제 | 구분 | □수납취소 □자동이체 대상 [조회] |

수납 처리 상세

작업구분	일반(자료) ▽ 원금우선 ▽	납기기한	2018-07-25 납기내 ▽
수납일자	2018-0	수납기관	우리은행 ▽
수납세대	3 건	수납금액	557,390 X 원

[수납처리]

전체	동	호	부과년월	부과원금	가수금	미납연체료	납기후연체료	수납할금액	실수납액	수납일자	수납기관	처리결과	입주자
☑	101	101	2018-06	233,360	0	0	4,670	238,030	233,360			미납	
☑	101	101	2018-05	213,180	0	4,260	4,270	221,710	217,440			미납	
☑	101	101	2018-04	198,640	0	7,950	3,970	210,560	206,590			미납	

전체개수 : 3

5) 입주세대 관리 화면

개나리아파트
입주자 등록

Home > 입주자 > 입주자 관리 > 입주자 등록

아셈 [101] 동 [101] 호 [조회] 평형 [141.9800] 전용면적 [ ]

세대정보

입주일 [ ] 주거형태 [ ] 가구수 [ ] 분양 [ ] 복지 [없음]

입주정보

| 입주자정보 | 소유자정보 |

성명 [ ] 생년월일 [ ] 상호명 [ ]
자택전화 [ ] 휴대전화 [ ] 직급 [ ]
e-mail [ ] 직장명 [ ] 직장전화 [ ]
선수관리비 [ ] 보증금 [ ] 임대료 [ ]
임대기간 [ ] ~ [ ] 입주형태 [ ]

세대구성원 추가

조회 결과 값이 없습니다.

차량정보 추가

조회 결과 값이 없습니다.

6) 입주자 차량 관리 화면

3부
연말정산 및 부가세 등

제12장
4대 보험

4대 보험이란 국가가 사회정책을 수행하기 위해서 보험의 원리와 방식을 도입하여 만든 사회정책상의 제도이다. 모든 근로자와 사업자는 사업장별로 취업을 하는 경우에 4대 보험에 강제적으로 가입하여야 하는데, 일반적으로 4대 사회보험을 4대 보험이라고 줄여서 사용하고 있다.

1. 4대 보험 취득 및 상실

모든 근로자와 사용자는 4대 보험에 가입하여야 하는데, 근로자는 해당 사업장의 취업시에 4대 보험 가입 자격을 취득하게 되고, 이때 자격 취득 신고를 보험 공단에 함으로써 보험 가입자가 되어 보험 혜택을 받을 자격을 갖게 된다.

2. 국민연금

근로자가 1인 이상인 사업장은 의무적으로 국민연금에 가입하여야 하는데, 근로자의 국민연금 가입 및 상실에 대한 신고 의무자는 사업장 사용자이다. 가입대상 연령은 만 18세이상 60세 미만인 자이다. 근로자의 은퇴 시기에 납입 금액 및 소득에 따른 형평성에 따라 평생 연금 지급을 국가가 실질적으로 보장하는 제도이다. 보험료의 부담 주체는 근로자와 사용자이며 분담하여 부담한다.

(예시) 4대 보험료율

항목항목	건강보험료		국민연금	고용보험
	건강보험료	장기요양보험료		
요율	3.120%	7.380%	4.500%	0.650%

3. 건강보험

근로자와 근로자의 피부양자를 건강보험에 가입하게 하여, 근로자와 근로자의 피부양자에게 건강보험 해당 질병 발생시에 규정된 보험 혜택을 보장하는 제도이다. 보험료의 부담 주체는 근로자와 사용자이며 분담하여 부담한다.

4. 산재보험, 고용보험

산재보험은 근로자가 업무수행시에 불의의 재해가 근로자에게 발생되는 경우의 보험 혜택을 보장하는 사회 보험이다. 산재보험료의 부담주체는 사용자가 전액 부담한다.

고용보험은 근로자가 실업상태가 되는 경우에 일정 기간, 일정 보험 급여을 보장하는 사회 보험이다. 고용보험료의 부담 주체는 근로자와 사용자이며 분담하여 부담한다.

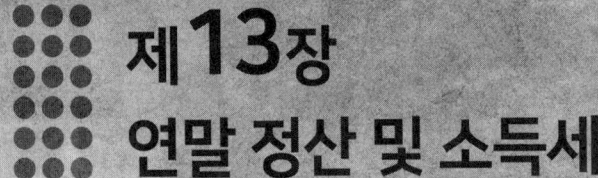
제13장
연말 정산 및 소득세

1. 연말정산의 이해

근로소득을 지급하는 자가 다음 연도 2월분의 급여를 지급하는 때에 직전년도의 총급여액에 대한 근로소득세액을 소득세법에 따라 계산한 후에, 직전년도의 매월 급여 지급시 간이세액표에 의하여 이미 원천징수하여 세무서에 납부한 세액과 비교하여, 더 징수한 경우에는 돌려주고, 덜 징수한 경우에는 추가로 징수하여 세무서에 납부하는 절차를 연말정산이라 한다. 이 경우, 근로소득을 지급하는 자는 사용자를 원천징수의무자라고 말한다.

2. 연말정산 업무처리

1) 연말정산 시기

원천징수의무자는 다음 연도 2월분 급여를 지급시에 직전연도의 연간급여액에 대하여 연말정산을 하여야 한다.

2) 연말정산 사전 준비

(1) 원천징수의무자

세법 개정 등으로 연말 정산 처리 내용이 매년 바뀌게 된다. 원천징수의무자는 연말정산을 하기 전에 먼저 달라진 내용들을 파악하는 것이 효율적인 업무처리를 위하여 좋다. 또한 달라진 내용과 연말 정산 시에 근로자가 준비하여야 할 제출서류들은 대부분 근로자들이 숙지하지 못하므로 연말정산 사전에 근로자들에게 충분한 설명을 하여 각종 증빙 서류를 기한 내에 제출하도록 하여야 한다.

(2) 근로자

근로자는 연말 정산 사전에 세법에서 정한 각종 소득공제, 세액공제 및 감면을 받을 수 있도록 각종 법정서류를 구비하여 기한 내에 연말정산의무자에게 제출하여야 한다.
만일, 근로자가 허위 증빙 서류를 제출하여 부당하게 공제를 받은 경우에 가산세를 포함하여 추징을 당하게 되니, 추징당하지 않도록 근로자는 성실히 증빙서류를 제출하여야 한다.

3. 근로소득 원천징수영수증

근로소득에 대한 원천징수 영수 내역을 기재하여 작성한 서식을 근로소득 원천징수영수증이라 한다. 근로소득 원천징수영수증을 작성할 때에는 징수의무자, 소득자, 근무처별 소득명세 및 감면소득명세, 세액 명세 등으로 구분하여 작성한다.

4. 원천징수이행상황신고서

소득 금액을 사용자가 지급할 때, 근로자가 부담할 세액을 미리 국가를 대신하여 징수하는 것을 원천징수라고 한다. 원천징수에 대한 이행 상황에 대해 신고하기 위해 작성하는 서식을 원천징수이행상황신고서라고 한다.

[별지 제21호 서식] <개정 2010.4.30>

신고구분					■ 원천징수이행상황신고서 □ 원천징수세액환급신청서	귀속연월	2019년 월
매월	반기	수정	연말	소득처분		지급연월	2019년 월

원천징수의무자	법인명(상호)		대표자(성명)		일괄납부여부	여, 부
	사업자(주민)등록번호		사업장소재지		전화번호	

1. 원천징수 내역 및 납부세액 (단위 : 원)

구분		코드	원천징수명세					당월조정환급세액	납부세액	
			소득지급		징수세액				소득세등(가산세포함)	농어촌특별세
			인원	총지급액	소득세등	농어촌특별세	가산세			
근로소득	간이세액	A01				0	0			
	중도퇴사	A02	0	0	0	0				
	일용근로	A03	0	0	0					
	연말정산	A04	0	0	0	0				
	가감계	A10				0		0	0	0
퇴직소득		A20	0	0	0		0	0	0	0
사업소득	매월징수	A25								
	연말정산	A26								
	가감계	A30								
기타소득		A40								
연금소득		A45								
이자소득		A50								
배당소득		A60								
저축해지 추징세액		A69								
비거주자양도소득		A70								
법인원천		A80								
수정신고(세액)		A90								
총합계		A99				0		0	0	0

2. 환급세액 조정 (단위: 원)

전월 미환급 세액의 계산				당월 발생 환급세액				조정대상환급세액	당월조정환급세액계	차월이월환급세액
전월미환급세액	기환급신청세액		차감잔액	일반환급	신탁재산(금융기관)		기타			
0								0	0	

원천징수의무자는 소득세법 시행령 제185조 제1항에 따라 위의 내용을 제출하며, 위 내용을 충분히 검토하였고 원천징수의무자가 알고 있는 사실 그대로를 정확하게 기재하였음을 확인합니다.

2019년 월 일

원천징수의무자 (서명 또는 인)

세무대리인은 조세전문자격자로서 위 신고서를 성실하고 공정하게 작성하였음을 확인합니다.

세무대리인 (서명 또는 인)

세무서장 귀하

신고서(부표) 작성 여부	
작성하였음	( )
작성대상 아님	( )
세무대리인	
성명	
사업자 등록번호	
전화번호	

원천징수의무자 전자우편 주소	@

제14장 부가세

1. 과세와 비과세

1) 과세

부가가치세 세법에 의하여 모든 제품 및 용역은 과세 대상이다. 과세 대상 제품 금액 및 용역가액에 대하여 10%의 부가세가 과세된다.

2) 비과세

부가가치세 세법에 의하여 면세로 규정되어 열거되어 제품 및 용역은 비과세 대상이다. 아파트는 조세특례제한법에 따라 위탁관리회사에서 관리하는 관리단지의 근로자의 인건비에 대하여 한시적으로 면세되고 있다.

2. 세금계산서 합계표

부가가치세 납세의무자일 경우 세금계산서를 발급하였거나 발급받은 경우에 매출/매입처별 세금계산서합계표를 부가가치세 월별 조기환급/예정/확정 신고 시 제출해야만 한다.

부가가치세 납세의무자란 부가가치를 창출하여 낼 수 있는 정도의 사업 형태를 갖추고 계속적이고 반복적인 의사로 재화 또는 용역을 공급하는 자를 의미한다.

1) 매출처별 세금계산서합계표

■ 부가가치세법 시행규칙 [별지 제38호서식(1)]

매출처별 세금계산서합계표(갑)
년 제 기 (월 일 ~ 월 일)

※ 뒤쪽의 작성방법을 읽고 작성하시기 바랍니다. (앞쪽)

1. 제출자 인적사항

① 사업자등록번호		② 상호(법인명)	
③ 성명(대표자)		④ 사업장 소재지	
⑤ 거래기간	년 월 일 ~ 년 월 일	⑥ 작성일	년 월 일

2. 매출세금계산서 총합계

구 분		⑦ 매출처수	⑧ 매수	⑨ 공급가액 조 십억 백만 천 일	⑩ 세 액 조 십억 백만 천 일
합 계					
과세기간 종료일 다음 달 11일까지 전송된 전자세금계산서 발급분	사업자등록번호 발급분				
	주민등록번호 발급분				
	소 계				
위 전자세금계산서 외의 발급분	사업자등록번호 발급분				
	주민등록번호 발급분				
	소 계				

3. 과세기간 종료일 다음 달 11일까지 전송된 전자세금계산서 외 발급분 매출처별 명세
(합계금액으로 적음)

⑪ 번호	⑫ 사업자등록번호	⑬ 상호(법인명)	⑭ 매수	⑮ 공급가액 조 십억 백만 천 일	⑯ 세액 조 십억 백만 천 일	비고
1						
2						
3						
4						
5						

⑰ 관리번호(매출)	-

2) 매입처별 세금계산서합계표

■ 부가가치세법 시행규칙 [별지 제39호서식(1)]

매입처별 세금계산서합계표(갑)
년 제 기 (월 일 ~ 월 일)

＊ 아래의 작성방법을 읽고 작성하시기 바랍니다. (앞쪽)

1. 제출자 인적사항

① 사업자등록번호	② 상호(법인명)
③ 성명(대표자)	④ 사업장 소재지
⑤ 거래기간 년 월 일 ~ 년 월 일	⑥ 작성일 년 월 일

2. 매입세금계산서 총합계

구 분		⑦ 매입처수	⑧ 매수	⑨ 공급가액 (조 십억 백만 천 일)	⑩ 세액 (조 십억 백만 천 일)
합 계					
과세기간 종료일 다음 달 11일 까지 전송된 전자 세금계산서 발급받은 분	사업자등록번호 발급받은 분				
	주민등록번호 발급받은 분				
	소 계				
위 전자 세금계산서 외의 발급받은 분	사업자등록번호 발급받은 분				
	주민등록번호 발급받은 분				
	소 계				

＊ 주민등록번호로 발급받은 세금계산서는 사업자등록 전 매입세액 공제를 받을 수 있는 세금계산서만 적습니다.

3. 과세기간 종료일 다음 달 11일까지 전송된 전자세금계산서 외 발급받은 매입처별 명세
(합계금액으로 적음)

⑪ 번호	⑫ 사업자 등록번호	⑬ 상호 (법인명)	⑭ 매수	⑮ 공급가액 (조 십억 백만 천 일)	⑯ 세액 (조 십억 백만 천 일)	비고
1						
2						
3						
4						
5						

⑰ 관리번호(매입)	-

3. 부가세 업무 처리

1) 세금계산서 발행

(1) 세금계산서는 과세사업자가 발행하는 것이 원칙이다.

(2) 고유번호증으로 세금계산서를 받았을 경우(매입세액)

- 고유번호증으로 받은 매입세액만큼 매출 세금계산서를 발행할 수 있다.
- 업무용인 상가, 오피스텔 등은 입주자가 사업자인 경우, 매출 세금계산서를 발행한다.
- 아파트는 최종 소비자이므로 매출 세금계산서를 발행할 수 없다.

(3) 전력을 공급받는 명의자와 실제로 소비하는 자가 다를 경우

- 전력을 공급받는 명의자를 공급받는 자로 하여 한국전력(전기사업자)에서 세금계산서를 발행하여 교부한다.
- 명의자는 교부받은 세금계산서에 기재된 공급가액 이내에서 실제 소비자인 각 구분소유자(개별 사업자)에게 세금계산서를 발행하여 교부한 경우, 한국전력(전기사업자)이 전력을 실제 사용하여 소비한 자를 공급받는자로 하여 세금계산서를 교부한 것으로 간주한다.

＊ 관련 법규: 부가가치세법 시행규칙 제18조(공동매입 등에 대한 세금계산서 교부)

2) 부가세 신고시 확인 사항

(1) 세금계산서 발행 업체 파악 (업종, 매출구조, 특이사항)
(2) 부가세 신고 기간 확인
(3) 사업자 번호 및 인적사항 확인

제15장
세무

1. 영리사업자와 비영리사업자의 구분

1) 영리사업자

영리를 목적으로 수익사업을 사업자를 영리 사업자라고 한다.

2) 비영리사업자

영리를 추구하지 않는 법인, 단체를 비영리 사업자라고 한다.

2. 사업자등록증과 고유번호증

1) 사업자등록증

부가가치세법에 의하여 관할세무서장은 영리를 목적으로 하는 사업자에게 사업자등록증을 발행한다. 사업자는 사업개시일로부터 20일 이내에 일정한 서류를 첨부하여 사업자등록신청서를 제출하여 사업자등록증을 교부받는다.

2) 고유번호증

법인세법에 의하여하 사업자등록증을 교부할 수 없는 비영리법인 또는 단체에 대하여 세금 부과 징수를 위한 과세자료를 관리하기 위하여 사업자등록증의 등록번호에 준하여 관할세무서장이 부여하는 일련번호 증서를 고유번호증이라고 한다. 고유번호증은 영리를 목적으로 하는 고유번호증과 비영리를 목적으로 하는 고유번호증으로 구분된다.

3. 법인세 계산 및 납부

1) 법인세의 이해

법인 사업자 또는 영리를 목적으로 하여 고유번호증을 교부받은 단체의 소득에 대하여 부과되는 세금이 법인세이다. 납세의무자는 연간 소득에 대한 과세표준을 기준으로 법인세를 납부한다

2) 법인세의 구조

구 분	비 고
결산상 당기순이익	
+가산	법인세비용, 접대비한도초과, 벌과금 등
-차감	전기 이전에 손금불산입액 중 당기 손금추인액 등
=각 사업연도소득금액	
-이월결손금	2009.1.1.이후 발생한 결손금 : 10년 이내
	2008.12.31. 이전 발생한 결손금 : 5년 이내
-비과세소득	
×세율	
=법인세 산출세액	
-감면, 공제세액	중소기업에 대한 특별세액감면 등
	연구개발 및 투자관련 세액 공제 등
+가산세	
=법인세 총납부세액	
-기납부세액	중간예납세액, 원천납부세액
=법인세납부세액	

3) 법인세 납부시 과세표준 및 세액신고서

■ 법인세법 시행규칙 [별지 제1호서식]

법인세 과세표준 및 세액신고서

※ 뒤쪽의 신고안내 및 작성방법을 읽고 작성하여 주시기 바랍니다. (앞 쪽)

①사업자등록번호			②법인등록번호		
③법인명			④전화번호		
⑤대표자성명			⑥전자우편주소		
⑦소재지					
⑧업태		⑨종목		⑩주업종코드	
⑪사업연도	. . ~ . .		⑫수시부과기간	. . ~ . .	

⑬법인구분		1. 내국 2.외국 3.외투(비율 %)			⑭조정구분	1. 외부 2. 자기
⑮종류별구분		중소	일반	당기순이익과세	⑯외부감사대상	1. 여 2. 부
영리법인	상장법인	11	12		⑰신고구분	1. 정기신고
	코스닥상장법인	21	22			2. 수정신고(가.서면분석, 나.기타)
	기타법인	30	40			3. 기한후 신고
						4. 중도폐업신고
비영리법인		60	70	50		5. 경정청구
⑱법인유형별구분			코드		⑲결산확정일	
⑳신고일					㉑납부일	
㉒신고기한 연장승인		1. 신청일			2. 연장기한	

구분	여	부	구분	여	부
㉓주식변동	1	2	㉔장부전산화	1	2
㉕사업연도의제	1	2	㉖결손금소급공제 법인세환급신청	1	2
㉗감가상각방법(내용연수)신고서 제출	1	2	㉘재고자산등평가방법신고서 제출	1	2
㉙기능통화 채택 재무제표 작성	1	2	㉚과세표준 환산시 적용환율		
㉛동업기업의 출자자(동업자)	1	2	㉜국제회계기준(K-IFRS)적용	1	2

구분	법인세		
	법인세	토지 등 양도소득에 대한 법인세	계
㉝수입금액	(	)	
㉞과세표준			
㉟산출세액			
㊱총부담세액			
㊲기납부세액			
㊳차감납부할세액			
㊴분납할세액			
㊵차감납부세액			

㊶조정반번호		㊸조정자	성명
㊷조정자관리번호			사업자등록번호
			전화번호

국세환급금 계좌 신고	㊹예입처	은행 (본)지점
	㊺예금종류	
	㊻계좌번호	예금

신고인은 「법인세법」 제60조 및 「국세기본법」 제45조, 제45조의2, 제45조의3에 따라 위의 내용을 신고하며, 위 내용을 충분히 검토하였고 **신고인이 알고 있는 사실 그대로를 정확하게 적었음을 확인합니다.**

년 월 일

신고인(대표자) (서명 또는 인)

세무대리인은 조세전문자격자로서 위 신고서를 성실하고 공정하게 작성하였음을 확인합니다.

세무대리인 (서명 또는 인)

세무서장 귀하

첨부서류	1. 재무상태표, 2. (포괄)손익계산서, 3. 이익잉여금처분(결손금처리)계산서, 4. 현금흐름표(「주식회사의 외부감사에 관한 법률」 제2조에 따른 외부감사의 대상이 되는 법인의 경우만 해당합니다), 5. 세무조정계산서	수수료 없음

210mm × 297mm[일반용지 70g/㎡(재활용품)]

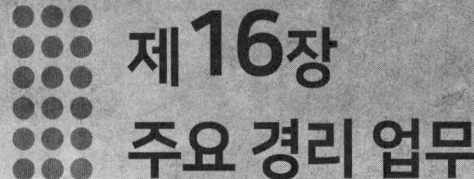

제16장
주요 경리 업무

1. 관리비 부과

　매월 발생하는 관리비 합계액을 입주자에게 분양면적별로 배분하여 관리비를 세대별로 부과하게 되는데, 이러한 관리비 부과 업무는 경리 업무에 있어서 가장 중요한 업무 중의 하나이다. 관리비는 항목별로 세분하여 부과한다.

1) 전기료 검침 자료 입력 화면

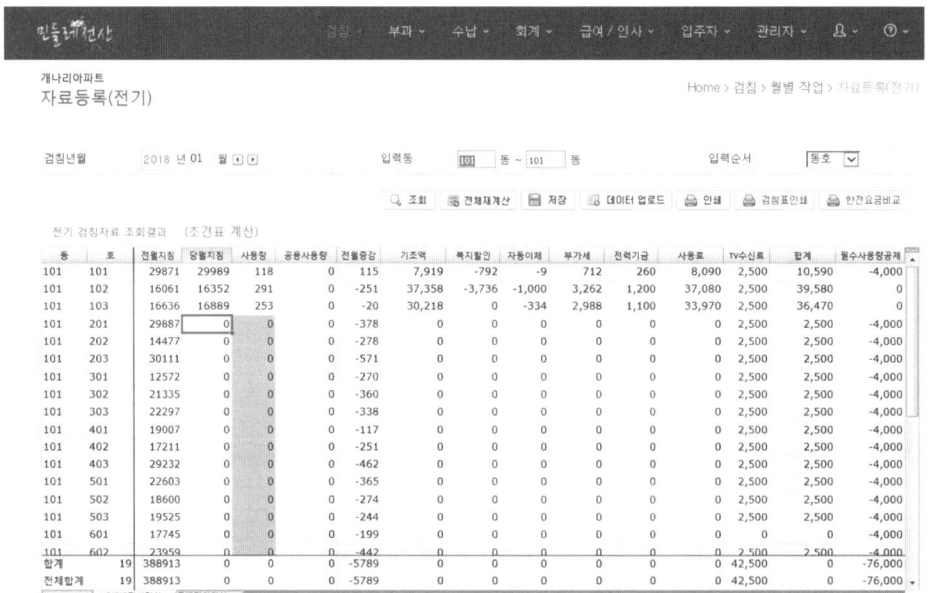

🏢 핵심 talk

관리비 부과 전산 프로그램에 세대별 전기 검침 자료 등을 입력하는 화면이다. 요즈음은 인터넷과 데이터가 연동되어 일괄 입력되는 시스템으로 진화하고 있다.

2) 수도료 검침 자료 입력 화면

2. 미수금 관리

관리비를 부과하면 입주자와 사용자는 관리비를 납기일까지 납부하여야 한다. 하지만 여러 가지 이유로 관리비가 납기일까지 납부하지 않는 경우가 발생한다. 어떠한 입주자는 장기 체납하는 경우가 있는데, 적절히 관리하지 않으면 연체 관리비가 누적 증가하게 됨으로써 관리비 통장의 예금 잔액이 부족하게 되어, 관리직원 인건비, 전기료 등의 비용 지출을 위한 자금이 부족하게 되어, 결과적으로 관리업무가 어려움에 봉착하게 된다. 경리는 관리비 체납 대장을 매월 관리소장에게 보고 하고, 관리소장은 대표회의 또는 관리위원회에 보고하도록 하여야 한다.

(예시) 체납관리비 미납 대장

미납 대장 (동호별)

기준일 : 2019-01-31

동호	부과월분	부과원금	가수금	미납원금	미납연체료	납기내합계액	납기후연체료	납기후합계액	비고
101-101	2018-10	153,740	0	153,740	6,140	159,880	3,070	162,950	2019-05-10
	2018-11	215,060	0	215,060	4,300	219,360	4,300	223,660	2019-05-10
	2018-12	234,380	0	234,380	0	234,380	4,690	239,070	2019-05-10
	호계(3)	603,180	0	603,180	10,440	613,620	12,060	625,680	
101-203	2018-11	240,350	0	240,350	4,810	245,160	4,800	249,960	2019-03-25
	2018-12	258,300	0	258,300	0	258,300	5,170	263,470	2019-03-25
	호계(2)	498,650	0	498,650	4,810	503,460	9,970	513,430	
101-402	2018-10	182,840	0	182,840	7,310	190,150	3,660	193,810	2019-02-08
	2018-11	188,200	0	188,200	3,760	191,960	3,770	195,730	2019-02-08
	2018-12	185,930	0	185,930	0	185,930	3,720	189,650	2019-02-08
	호계(3)	556,970	0	556,970	11,070	568,040	11,150	579,190	
101-501	2018-12	207,200	0	207,200	0	207,200	4,140	211,340	2019-03-20
101-602	2017-11	0	0	0	4,880	4,880	0	4,880	
	2017-12	238,890	0	238,890	57,330	296,220	2,390	298,610	
	2018-01	247,550	0	247,550	54,460	302,010	4,950	306,960	
	2018-02	239,030	0	239,030	47,810	286,840	4,780	291,620	
	2018-03	227,580	0	227,580	40,960	268,540	4,560	273,100	
	2018-04	242,650	0	242,650	38,820	281,470	4,860	286,330	
	2018-05	249,660	0	249,660	34,950	284,610	5,000	289,610	
	2018-06	253,800	0	253,800	30,460	284,260	5,070	289,330	
	2018-07	268,300	0	268,300	26,830	295,130	5,370	300,500	
	2018-08	293,070	0	293,070	23,450	316,520	5,860	322,380	
	2018-09	259,360	0	259,360	15,560	274,920	5,190	280,110	
	2018-10	244,510	0	244,510	9,780	254,290	4,890	259,180	
	2018-11	244,660	0	244,660	4,890	249,550	4,900	254,450	
	2018-12	236,010	0	236,010	0	236,010	4,720	240,730	
	호계(14)	3,245,070	0	3,245,070	390,180	3,635,250	62,540	3,697,790	
동계(23)		5,111,070	0	5,111,070	416,500	5,527,570	99,860	5,627,430	
합계(23)		5,111,070	0	5,111,070	416,500	5,527,570	99,860	5,627,430	

3. 지출 결의서

각종 공사 대금 또는 관리 직원의 급여 등을 지출할 때는 반드시 사전에 지출결의서의 결재를 받은 후에 지출하여야 한다.

지출결의서(개나리아파트)

문서번호 : 개나리 18-0128-01
기안일자 : 2018. 1. 28.
기 안 자 : ***

결재	담당	소장	대표회장

구 분	내 용	금 액	비 고
<현금(계좌이체) 지출>			
전 기 료	1월분 전기료	2,099,360	한전 고지서
전기안전대행료	1월분 전기안전대행료	77,000	**전기
승강기유지비	1월분 승강기수리비	2,900,000	**엘리베이터
소방시설관리비	월분 소방시설안전관리비	110,000	**산업㈜
급 여	관리실직원외 급여	8,800,000	
현금지출 합계		2,418,360	
<지로납부 및 자동이체>			
일반관리비	전화요금 1월분 청구서	11,610	
공동전기료	전기요금 1월분 청구서	484,780	
지로납부 합계		492,880	
지 출 총 계		2,911,240	

제16장 주요 경리 업무

4. 감가상각

집기 비품 및 장비, 소액이 아닌 공기구는 감가상각 하여야 한다. 시간이 경과함에 따라 노후되는 집기 비품 등은 구입 원가에 대해 사용기간 등에 의한 물리적, 경제적 가치하락의 감소분을 감가상각이라 하고 감가상각된 금액을 감가상각비라 한다. 다시 말해 집기 비품 등의 취득에 투입된 자산을 그 내용기간 동안 매년 나누어 비용으로 처리하는 것을 감가상각이라고 한다.

(예시) 감가상각 전표 처리

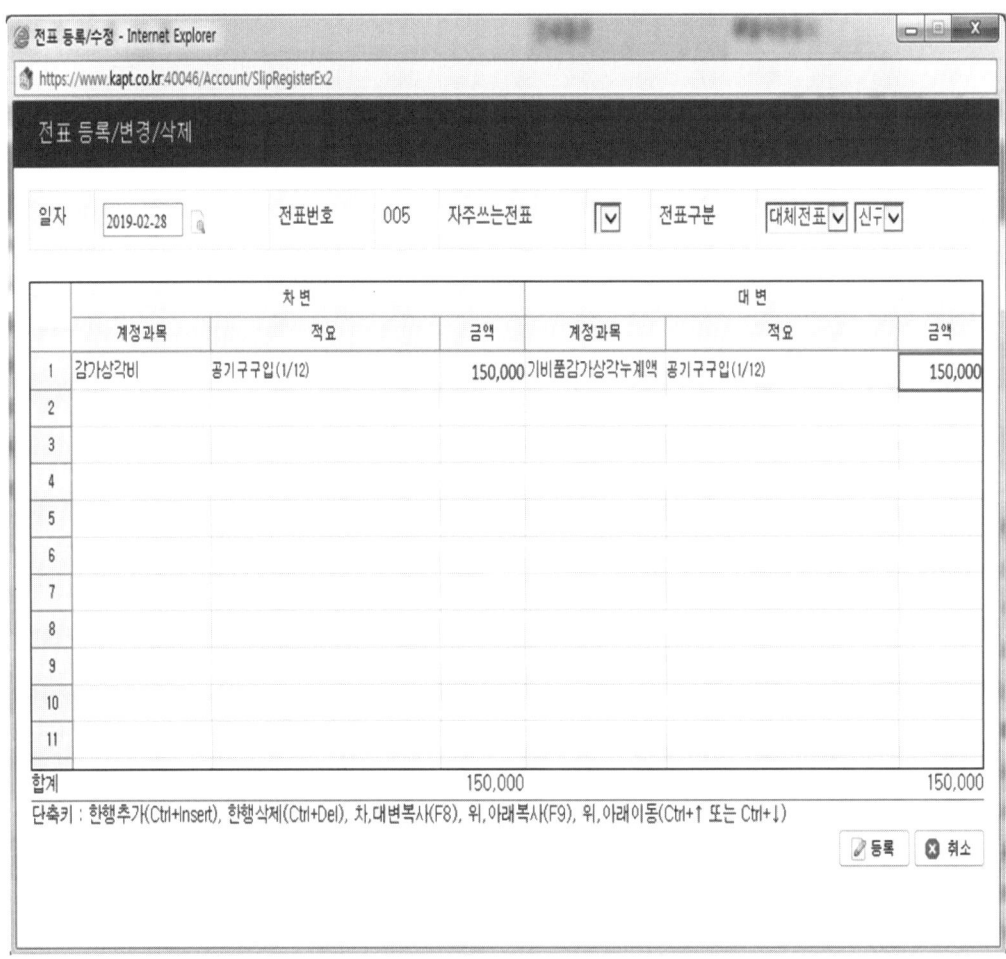

5. 장기수선충당금

장기수선계획에 의해 주요 시설을 보수하거나 교체할 경우 비용이 들게 되는데 이러한 비용 지출을 위해 적립하는 금액을 장기수선충당금이라고 한다. 공동주택의 경우 의무단지는 공동주택의 사용검사일로부터 1년이 경과한 날이 속하는 달부터 매월 입주자인 소유자에게 장기수선충당금을 징수, 적립하여야 한다. 장기수선충당금은 관리비 항목에 별도로 장기수선충당금 항목을 설정하여 부과 한다. 장기수선충당금은 관리비 통장과 별도로 대표회의 또는 관리위원회 명의로 금융기관에 예치하여야 한다.

(예시 1) 장기수선충당금 적립시 전표 등록 화면

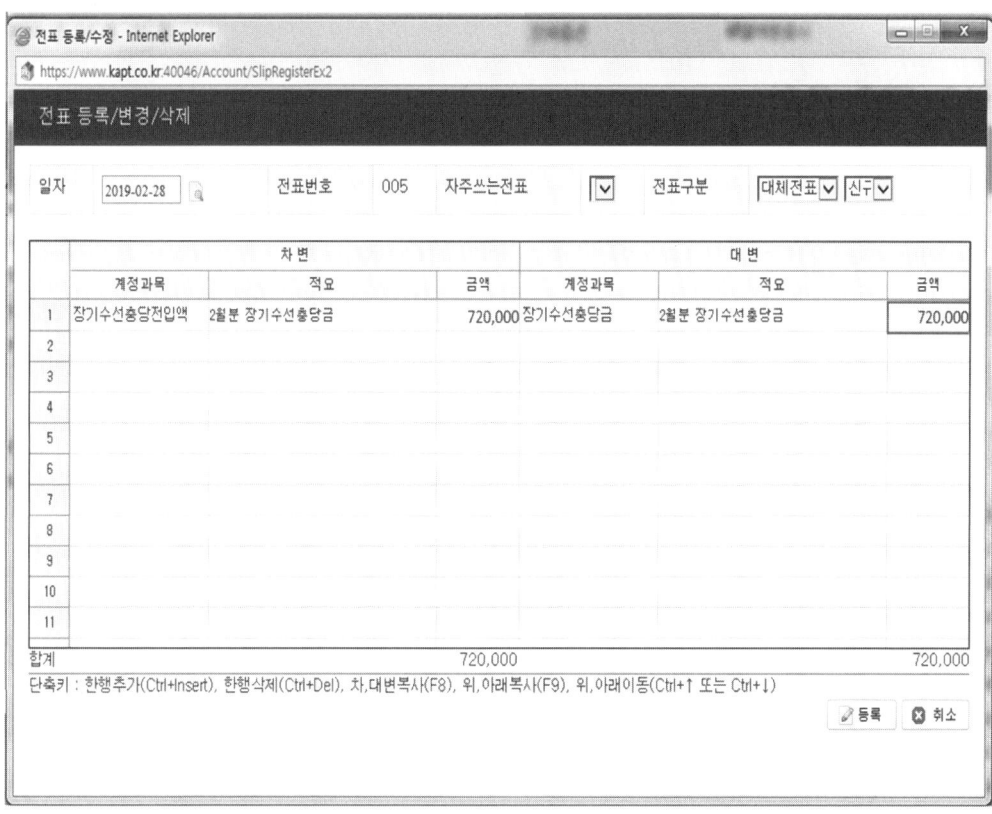

(예시 2) 장기수선충당금 사용시 전표 등록 화면

6. 현금 시재

 현금 시재란 관리사무소에서 일정 시점에 보유하고 있는 현금 보유액을 말한다. 대개 경리가 한달을 기간으로 하여 관리소에서 필요한 소액의 지출 비용을 위하여 사전에 대표회의 또는 관리위원회의 승인을 받아서 보관, 지출하는 금액을 뜻한다. 일정 시점의 현금 시재 금액을 현금 시재액이라고 하며, 보통 현금 시재액과 현금 시재를 같은 뜻으로 많이 사용하고 있다.
 관리사무실에서 소액으로 관리하는 현금 시재는 선 지출하고, 후 결재를 관례적으로 하고 있다.

(예시) 현금출납장

개나리아파트
현금출납장

Home > 회계 > 회계장부 > 현금출납장

검색일자 2016-12-20 - 2016-12-31   인쇄옵션 ☑결재란표시

현금출납장 조회결과   조회 초기화 인쇄

일자	번호	계정과목	적요	입금	출금	잔액
			전월이월	146,610		146,610
2016-12-20	001	수선비	정화조 공사 시 자재		8,600	138,010
2016-12-23	004	우편료	위탁본사 재무제표 11월분 등기 송부		2,380	135,630
2016-12-27	001	잡지출	건물 정기점검 간 식대(3회)		100,000	35,630
2016-12-30	001	보통예금(우리)	관리사무소 시재금 0월분	400,000		435,630
2016-12-30	012	잡비	제16기 대표회장(구창욱) 명함		12,500	423,130
2016-12-30	012	일반사무용품비	견출지, 금전출납부, 라벨지, 종이파일 등 사무용품비		50,400	372,730
2016-12-30	012	관리용품소모품비	건전지, 테이프 등 관리용품 구입비		7,700	365,030
			월계	400,000	181,580	
			누계	546,610	181,580	365,030

7. 집기 및 공기구

관리 업무에 있어서 관리 사무소 또는 기전실 등에 필요한 집기 및 공기구가 상당수 필요하게 되어, 이러한 집기 및 공기구를 구입하여 사용하게 된다. 집기 및 공기구는 관리사무소의 주요 자산이므로 집기 및 공기구 대장에 기록하여 체계적으로 관리하여야 한다. 관리사무소에서 사용하는 집기는 주로 관리과장이 관리책임자이며, 공기구는 주로 기전실 직원이 관리책임자가 된다. 물론 관리소장은 최종 책임자이며, 경리는 집기 및 공기구 대장을 집계 또는 인수 받아 재무제표와 대조하여 일치 여부를 검토 확인하여야 한다.

(예시 1) 집기비품 대장

집 기 비 품

순위	품 명	규격	수량	비고
1	책상	1400	3	관리소
2	책상유리		1	관리소
3	책상의자		5	관리소
4	책장5단 울문	800-400-1880	3	관리소2/방재실1
5	책상서랍		3	관리소
6	책장3단반문	800-400-1200	1	관리소
7	원형테이블	900	2	관리소/방재실
8	원형테이블-유리		2	관리소/방재실
9	철제케비넷		1	방재실
10	테이블의자	접이식	4	관리소2/방재실2
11	옷걸이		1	관리소
12	책꽂이	목	4	관리소3/경비실1
13	철제락카장 롱		2	경비실
14	컴퓨터		4	사무실
15	모니터		4	사무실
16	냉장고	255L	2	경비,미화휴게실
17	접이식싱글침대		2	경비,기전실
18	라지에타15핀		3	경비,미화휴게실 경비초소

(예시 2) 공기구 대장

공 기 구

번호	품명및규격	수량	단위
1	고지가위 3.5M	2	EA
2	공동주택안전점검장비셋트	1	SET
3	수중펌프 1/3HP	1	EA
4	디지탈후쿠메타 TK-600A	1	EA
5	앵글그라인더 4"	1	EA
6	충전드릴 14.4V	1	EA
7	전기임팩드릴 13 M/M	1	EA
8	사다리 4단	1	EA
9	사다리 5단 〈LS형〉	1	EA
10	P대차 / 구루마	1	EA
11	리어카 〈합판〉	1	EA
12	앵글 제작 4단	2	EA
13	예초기	1	EA

8. 저장품

 연료, 사무용품을 소모품이라 하고, 내용연수가 1년 미만이거나 구입 가액이 비교적 적은 공구, 기구, 비품을 소모공구기구비품이라 하는데, 이러한 소모품과 소모공구기구비품을 통틀어 저장품이라고 한다. 경리는 각각의 업무 담당자에게서 해당 저장품 관리대장을 주기적으로 제출받아서 검토 확인하여야 한다.

(예시) 저장품 관리대장

저장품

순위	품 명	구입일자	수량	비고
1	주차차단기리모콘	2017.12.25	50	관리소
2				
3				
4				
5				
6				
7				
8				
9				
10				
11				
12				
13				
14				
15				
16				
17				
18				

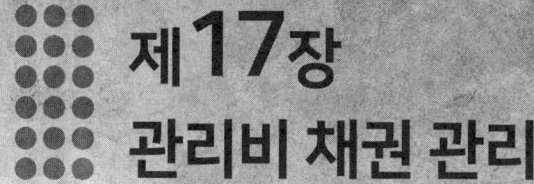
제17장
관리비 채권 관리

1. 관리비의 연체요율

　납부기한이 경과한 체납관리비는 관리규약에 정해진 연체요율표에 따라 연체요율이 명시되어 있다. 관리사무소에는 관리비 고지서를 각 세대에 배부할 때, 관리비 부과내역서를 함께 배부하는데 부과내역서에 연체요율을 안내하고 있다. 체납관리비에 연체료를 부과하는 것은 기한내에 관리비를 납부하지 않은 것에 대하여 징벌적으로 연체료를 징수하는 것이 아니라, 연체료를 부과하지 않으면 체납관리비가 증가 하게 되고, 단지 관리를 위한 운영자금이 부족하게 되어 관리 업무가 어려움에 빠질 수 있으므로 관리 운영을 위하여 적절하고, 합리적인 연체료를 부과하고 있다.

　＊ 서울시 표준관리규약 연체요율표

　　연체료는 미납금에 연이율(15%), 연체일수/365일을 곱해서 책정.
　　수납일자기준으로 수납후 고지됨.

개월	1	2	3	4	5	6	7	8	9	10	11	12	13
요율(%)	12												15

2. 관리비 독촉

　납입 기한이 경과하여 체납된 관리비는 체납 기간별로 해당 세대의 체납 관리비를 관리하여야 한다. 보통 연체 발생 3개월이 경과한 관리비부터 관리비 납부 독촉장을 발부하고 연체관리에 들어가야 한다. 연체관리란 구두 상으로 언제까지 납부하겠다는 약속을 받았다든지, 납부 독촉장을 발부한 것으로 끝나는 것이 아니라, 연체가 발생된 세대의 체납 관리비에 대한 연체관리대장을 작성하여 체납 관리비가 발생하여, 징수 완료될 때까지 지속적으로 관리하여야 한다. 독촉장을 매월 발송하였음에도 관리비 체납이 지속되면, 단지 상황에 따라 경우가 다르지만, 대개 연체 발생 6개월이 경과하게 되면 내용증명을 발송하여야 한다. 그럼에도 불구하고 관리비가 입금되지 아니하면 관리소장에게 보고하여, 관리소장이 법적절차를 밟을 수 있도록 하여야 한다.

(예시) 관리비 독촉장

관리비 납부독촉장 (관리소용)

101동 101호 발행번호: 1

체납내역	부과년월	관리비	연체료
	2019년 10월분	183,010	3,660
	2019년 09월분	190,510	7,620
	2019년 08월분	214,420	12,870
	계	587,940	24,150
	합 계	612,090	(연체료포함)

귀댁의 번성하심을 기원합니다. 현재 귀 세대의 관리비가 장기간 미납되어있어 알려드리오니, 납기일까지 납부하여주시기를 당부드립니다.
기한내에 미납시 단전, 단수등 조치 예정이오니 기한내에 납부하여 주시기 바랍니다. 감사합니다
(우리은행 1006-601-237892 아샘아파트관리단)

발행일　　　　　2019 년 02 월 04 일
수령인 :　　　　서명

관 리 사 무 소 장

관리비 납부독촉장 (입주자용)

101동 101호 발행번호: 1

체납내역	부과년월	관리비	연체료
	2019년 10월분	183,010	3,660
	2019년 09월분	190,510	7,620
	2019년 08월분	214,420	12,870
	계	587,940	24,150
	합 계	612,090	(연체료포함)

귀댁의 번성하심을 기원합니다. 현재 귀 세대의 관리비가 장기간 미납되어있어 알려드리오니, 납기일까지 납부하여주시기를 당부드립니다.
기한내에 미납시 단전, 단수등 조치 예정이오니 기한내에 납부하여 주시기 바랍니다. 감사합니다
(우리은행 1006-601-237892 아샘아파트관리단)

납부일　　　2019 년 02 월 20 일
발행일　　　2019 년 02 월 04 일

관 리 사 무 소 장

3. 미수관리비의 발생 보고

　매월 발생되는 미수관리비는 매월 미수관리비 현황을 관리소장과 입주자 대표회장에게 보고하여야 한다. 실무적으로 미수관리비 현황은 전산 프로그램에서 조회하여 출력하여서 관리소장에게 보고하게 된다. 미수관리비 현황은 관리 업무에 있어서 입주자 대표회의가 관심을 가질 수 밖에 없는 중요한 자료이니 어떠한 경우에도 경리는 미수관리비 현황 보고를 성실히 하도록 하여야 한다.

4. 관리비 채권의 소멸시효

　관리비는 3년을 기한으로 소멸시효가 완성되므로 연체관리비를 관리하는 것이 중요하다. 소멸시효란 연체관리비에 대하여 3년이 경과하도록 법적조치를 하지 아니하면, 체납자에 대하여 채권이 법적으로 소멸하는 제도이다. 관리비에 대한 소멸시효는 최종적으로 관리소장이 책임지지만 경리도 관심을 갖고 관리소장이 소멸시효가 경과하지 않는 기간 내에 법적조치를 할 수 있도록 체납 관리비를 알려주도록 하여야 한다.

제18장
회계업무 인수인계

1. 회계업무 인수인계의 중요성

　관리업무에 있어서 회계업무의 인수인계는 다른 직무 분야의 인수인계 못지 않게 중요한 사항이다. 단지의 재무자료와 예금 통장과 자금 현황을 인수인계 시점에 정확히 인수인계하여야 한다. 전임 경리가 퇴사하기 이틀 전 즈음에 후임 경리와 인수인계 하는 것이 보통이지만, 경험이 많은 경리는 하루 만에 인수받아 업무를 파악하는 경우도 있다. 특히 예금통장 잔액과 시재금 인수인계는 현금을 인수 받는 것이므로, 정확히 당사자 간에 현금을 확인한 후에 서류상으로 서명 날인하는 것이 중요하다.

2. 회계업무 인수인계서

(예시) 회계업무 인수인계서

회계업무
인수인계서

개나리아파트 관리사무소

개나리아파트 회계업무 인수인계서

개나리아파트 경리의 퇴사에 따라 회계업무 일체를 다음과 같이 2015년 01월 31일자로 인수, 인계한다

공동주택의 표시
- 공동주택명 : 개나리아파트
- 소　재　지 : 서울특별시 동작구 대방동 ㅇㅇㅇ번지
- 관 리 면 적 : ㅇㅇㅇㅇㅇ평
- 동 및 세대수 : ㅇ개동 ㅇㅇㅇ세대

2015년 1월 31일

- 인 계 자 : 서울특별시 동작구 대방동 ㅇㅇㅇ번지
　　　　　개나리아파트 관리사무소
　　　　　경　리　　ㅇㅇㅇ (인)

- 인 수 자 : 서울특별시 동작구 ㅇㅇ동 ㅇㅇㅇ번지
　　　　　개나리아파트 관리사무소
　　　　　경　리　　ㅇㅇㅇ (인)

- 입 회 인 : 서울특별시 동작구 ㅇㅇ동 ㅇㅇㅇ번지
　　　　　개나리아파트 관리사무소
　　　　　관리소장　　ㅇㅇㅇ (인)

〈목 차〉

1. 단지개요
2. 부대 및 복리시설
3. 동별, 평형별 세대수 현황
4. 관리사무소 기구표
5. 직원현황
6. 주계약 및 보험계약 현황
7. 입주자 대표회 및 통장 현황
8. 통장 잔고 및 장기수선 충당금 잔고 내역
9. 현금 시제 현황
10. 첨부서류
    회계현황 (2015.01.31현재)
    1) 합계잔액시산표
    2) 대차대조표
    3) 손익계산서
    4) 예금잔액증명서
    5) 부속명세서
    6) 미수관리비(관리비 납입현황)

1. 단지개요

1) **단지명칭** : 대방동 개나리아파트
2) **단지위치** : 서울 동작구 대방동 ○○○
3) **사업주체** : ○○건설
4) **준공일자** : 1990. 01. 04.
5) **연 면 적** : 52,080㎡
6) **대지면적** : 14,150㎡
7) **세 대 수** : ○○○세대
8) **층   수** : 지상 15, 21, 23, 24, 26층, 지하1층 3개동
9) **주차대수** : 지상 232대, 지하 232대. 계 :464대
10) **난방방식** : 개별난방

2. 부대 및 복리시설

구 분	시 설 명	단 위	수 량	연면적(㎡)	비 고
관리시설	관 리 동	개소	1	179.70	관리소, 노인정, 회의실
	경 비 실	〃	11	5.4 × 11	정문
전기시설	변 전 실	〃	1	756	수전용량 1,500KVA
	발 전 실	〃	1		발전용량 500KW
난방시설	보 일 러 실	〃	1		지하(개별난방 전환)
급수시설	지하저수조	〃	2		750톤 × 2
	옥상저수조	〃	11		총량 151톤
	펌 프 실	〃	1		
주 차 장	지상주차장	〃	1		232대
	지하주차장	〃	2	7,955.18	232대
어린이놀이터		〃	1	690.485	

3. 동별, 평형별 세대수 현황

동	평형	층 수	세대수	계
101	34	21, 23	176	
102	34	24	96	487 세대
103	34	15, 21, 23, 26	215	

4. 관리사무소 기구표

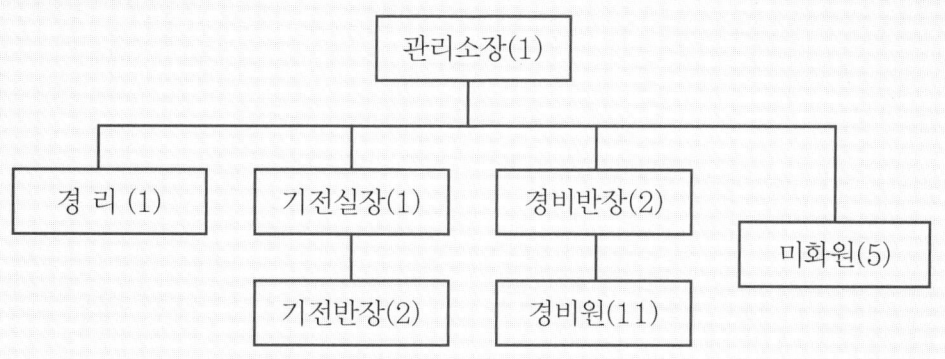

◆ 관리소 편제

구분	사무실	기전실	경비원	계
정원	2	4	13	19
현재	2	3	13	18

5. 직원현황

직책	성명	주민등록번호	입사일자	연락처	주소	비고
관리소장						
기전실장						
경 리						
기전주임						
기전반장						
기전반장						
관리반장 (A)						정문
관리원						101-1,2라인
관리원						101-5,6라인
관리원						102-3,4라인
관리원						103-1,2라인
관리원						103-5,6라인
관리원						103-9라인
관리반장 (B)						정문
관 리 원						101-3,4라인
관 리 원						101동7,8라인
미화원						103동1-4라인
미화원						101동3-8라인
미화원						101동1-2, 102동1-4라인

6. 주요계약 및 보험가입 현황

1) 용역 계약현황

품 목	업 체	대표자	계약기간	금 액	총 액
오물수거비	우리환경		2014. 01. 01 ~ 2014. 12. 31		
소 독	나라기업(주)		2014. 09. 01 ~ 2015. 10. 31	㎡당 5.1원	264,800원
정화조관리	대한서비스(주)		2014. 09. 01 ~ 2015. 8. 31	㎡당 8.04원	440,000원
승강기보수	나라엘리베이터		2014. 12. 01 ~ 2015. 11. 30	대당 66,000원	726,900원
청 소	대한종합관리		2014. 12. 01 ~ 2015. 11. 30	㎡당 80.39원	4,440,000원
위탁관리	나라종합관리		2014. 05. 09 ~ 2015. 03. 31	㎡당 7.26원	397,390원
방화관리	우리방재		2015. 01. 01 ~ 2015. 12. 31	㎡당 2.83원	150,000원

2) 보험가입현황

보 험 종 류	회 사 명	계 약 기 간	보 험 금 액
주택화재보험(건물)	새마을금고	2014. 9. 6 ~ 2015. 9. 6	3,262,100 원
승강기배상책임보험	새마을금고		109,000 원
어린이놀이터배상책임보험	새마을금고		181,400 원

3. 회계업무 현황 파악

취업 또는 회계 업무 인수 시에 회계업무 인수인계서를 통하여 회계업무 현황을 파악함으로써 경리는 회계 업무를 효율적으로 수행할 수 있다. 업무 파악 순서는 다음과 같다.

① 시재금과 제예금 현황
② 재무제표 현황
③ 관리비 미납세대 현황
④ 회계장부 및 각종 문서 현황
⑤ 각종 계약 현황
⑥ 각종 인장 현황